Tatiana Schlösser

Wieso müssen?

Anleitung zur seelischen Gelassenheit

Bitte fordern Sie unser kostenloses Verlagsverzeichnis an:

Smaragd Verlag
In der Steubach 1
57614 Woldert (Ww.)
Tel.: 02684-97848-10
Fax: 02684-97848-20
E-Mail: info@smaragd-verlag.de
www.smaragd-verlag.de

Oder besuchen Sie uns im Internet unter der obigen Adresse.

Deutsche Erstausgabe: Januar 2012
Cover: © Bernd_Leitner - Fotolia.com
Umschlaggestaltung: preData
Satz: preData
Printed in Czech Republic
ISBN 978-3-941363-54-0

Tatiana Schlösser

Wieso müssen?

Anleitung zur seelischen Gelassenheit

Smaragd Verlag

Über die Autorin

Tatiana Maria Schlösser, geb.1966, lebt im Westerwald.

In ihrem Umfeld als Coach für psychische Lebensberatung, Reha- und Fitnesstrainerin motiviert sie Menschen in Lebenskrisen und unterstützt bei der Vermittlung zwischen den verschiedenen Bereichen des Lebens.

Sie macht es sich zur Aufgabe, Menschen an die Gemeinsamkeit und Verwandtschaft mit allem Sein zu erinnern, an Verständnis und Mitgefühl zu appellieren, durch Fröhlichkeit die Ur-Zuversicht immer wieder zu schüren und somit seelische Leiden zu verringern.

„Vermutlich schaffen wir es nicht, die ganze Welt zu retten, doch jeder von uns kann sie ein wenig fröhlicher machen."

Von Seelenverlust und Trauer

Ich ließ meinen Engel lange nicht los,
und er verarmte mir in den Armen
und wurde klein, und ich wurde groß.
Und auf einmal war ich das Erbarmen
und er eine zitternde Bitte bloß.

Da hab' ich ihm seinen Himmel gegeben,
und er ließ mir das Nahe,
daraus er entschwand.

Er lernte das Schweben,
ich lernte das Leben,
und wir haben langsam einander erkannt.

Rainer Maria Rilke

Inhalt

Müssen, müssen

Was *müssen* Menschen wirklich tun?

Den ersten Schlag getan, raubt das Herz eifrig die Zeit, pocht stehlend rückwärts. Jedem Menschen steht im Laufe seines Erdendaseins nur eine ganz bestimmte Anzahl Herzschläge zur Verfügung. Eigentlich beginnt das schleichende Abdanken ja schon im Mutterleib. Mit der Geburt kennen wir den Anreisetag, jedes Jahr wird ihm ausgelassen gedacht, doch der Zeitpunkt der Abreise bleibt bis zu seinem Auftritt unbekannt.

Wer weiß schon, wie das Leben verläuft? Das Schicksal schert sich nicht um Geld und Herkunft. Unfälle und Verluste treffen Arm und Reich gleichermaßen. Im Glück und Leid stehen wir alle einheitlich da, gleich, sogar mit den Tieren.

Einmal brachte ich an einem Silvesterabend, während die Gäste spekulierten, was wohl das neue Jahr an Überraschungen bescheren möge, eine haarsträubende Diskussion in Gang.

Ich hatte an meinem letzten Spaziergang des abgelaufenen Jahres einige Rinder, die glücklich in einer Herde weideten, beobachtet und dachte plötzlich, dass sie durch ihre Unbedarftheit und das Fehlen paradoxer Denkaufgaben im Vorteil seien. Sie wussten nicht, was ihnen einmal geschehen sollte, *mussten* nichts, zumindest nicht wissentlich, der Augenblick gehörte ganz ihnen, sie lebten erfüllter als wir Menschen und kosteten die ihnen verbleibende Zeit genüsslich aus.

Ich trällerte in die fröhliche Runde, wie mich der Anblick der Tiere gerührt hatte, und sinnierte über die Gedanken, die sie in mir auslösten. Mit dieser Ausführung war der Abend gelaufen.

Die Gesellschaft fühlte sich aufs Schärfste angegriffen: „Du willst doch wohl uns hoch entwickelte Menschen nicht mit blödem Rindvieh vergleichen?“

Achtlos schob sich ein männlicher Gast das nächste Stück Steak in den Schlund, nicht anders, als Vieh es tun würde, und ich wollte noch fragen, ob er sich jemals bei den blöden Viechern dafür bedankt hatte, dass sie ihr Leben lassen *müssen,* damit wir sie konsumieren können. Wollte wissen, an wen er denkt beim täglichen Frühstücksei, beim Nippen an einem köstlichen Glas Milch oder beim Löffeln eines Schokoladenpuddings. Doch ich befahl meine Zunge in den Zwinger, wissend, dass ich mit dieser Bemerkung die Verantwortung für die Explosion eines vorzeitigen Tischfeuerwerks würde übernehmen *müssen.*

Manchmal *muss* es einfach etwas mehr Wein sein, um einen Reinfall zu ignorieren. Dies war einer dieser Abende.

Anscheinend waren meine Freunde der Meinung, Herr über den morgigen Tag zu sein, mehr noch, Befehlshaber über ihr ganzes Leben, brüsteten sie sich sogleich mit der Gabe, zu planen und Einfluss zu nehmen auf ihren Werdegang. Dabei ist sicher, dass spätestens in wenigen Jahrzehnten andere Menschen in unseren Häusern und Wohnungen hausen werden. Wir sind nur Gast auf Erden …

Aller Kontrolle zum Trotz, hoffentlich erst nach vielen erfüllten Jahren, *müssen* wir wieder gehen. Nichts ist so besiegelt wie dieses natürliche *Müssen* des Sterbens. Wir werden unser Leben nicht überleben! Dagegen wird auch der perfekteste Lebensplan und schon gar nicht die Wissenschaft etwas ausrichten können. Der Forschung und Technik, und sei sie noch so eifrig, wird stets ein Quäntchen Unbeseeltheit innewohnen. Seele lässt sich nicht im Reagenzglas mästen.

Vielleicht ist dieses Ende gar nicht so, wie wir es uns ausmalen. Mehrere Weltreligionen vertreten die These des unendlichen Lebens. Also könnte der Tod nicht das Ende, sondern gar der Anfang von etwas sein?

Doch eine Reise in die materielle Welt fordert noch viel mehr *Müssen* von uns, teils unentbehrlich, teils überflüssig lächerlich. Wir werden in diese Sphäre geboren, um zu lernen und glücklich zu sein. Es gilt, das eine vom anderen zu unterscheiden!

Erstaunt schauen unsere glitzernden Augen nach dem Verlassen des warmen Unterschlupfs im Mutterkörper in die Gesichter der Wesen, die uns empfangen. Alle warten hoffnungsvoll, dass wir selbstständig atmen. Wir *müssen* dringend atmen.

Bis Kinder dann zum ersten Mal brabbeln: „Mama, ich *muss* mal!“, *mussten* sie lernen, zu essen und zu trinken. Es wird erzählt, es gäbe spirituelle Menschen, die in der Lage sind, über Jahre auf Nahrungsaufnahme zu verzichten, doch mit den meisten Wesen verbinden sich perfekte, unentbehrliche, zusammenhängende und natürliche Abläufe, die nur zur Gefahr werden, wenn wir krank sind oder von der Nahrungskette abgeschnitten werden.

Im Grunde genommen sind diese Vorgänge das einzig wirkliche *Muss* im Leben eines Erdenbürgers:

Der Atem.

Ohne Atem sind wir in spätestens zehn Minuten tot.

Das Trinken.

Ohne Flüssigkeitsaufnahme sind wir, je nach körperlicher Verfassung, in cirka einer Woche nicht mehr unter den Lebenden.

Das Essen.

Auch die üppigsten Fettreserven würden nach totalem, mehrwöchigem Nahrungsentzug das Ende nicht verhindern.

Wir *müssen* uns entleeren, die Erleichterung von all den Dingen, die unser Körper nicht braucht. Der Verzicht auf dieses Loslassen führt ebenfalls nach kurzer Dauer zu Vergiftungen und Ableben.

Zu guter Letzt der kleine Tod, das loslassende Fallen in einen erholsamen Schlaf. Schon die Heeresführer der Antike wussten um die Pein, die einem vermeintlichen Feind durch die Foltermethode Schlafentzug zugefügt werden konnte.

In den Nischen zwischen elementarem *Müssen* entwickeln sich leider zusätzlich eine Reihe andere, weniger wichtige Forderungen, von denen wir uns wertvolle Lebenszeit stehlen lassen, die bei weitem jedoch nicht so überlebensnotwendig sind und auf die Menschen mit natürlicher Lebensweise gut verzichten könnten.

Das *muss* aufhören, wenn wir vollständige seelische Genesung wollen, genau von diesem *Muss müssen* wir uns verabschieden, es loslassen.

Anerzogenes, selbstschädigendes Gesellschafts*muss* ist eine Machtquelle in den Händen derer, die Manipulation geschickt für ihre Zwecke einzusetzen wissen.

Wer brachte so viele Menschen wohl auf den Gedanken, dass mit dem Erfüllen bestimmter Bedingungen mehr Zuwendung zu ernten wäre und dass Nichterfüllen in die Ablehnung führt? Wer bremste die Natur des unbedarften kindlichen Gemüts in ihrem freien Lauf und vermittelte den Eindruck, nicht ebenbürtig zu sein?

Ich nenne diese Art der Verständigung Killerkommunikation. Die manipulierenden „bösen Blicke", das Augenniederschlagen und -rollen, das verächtliche Ausschnauben und die abfälligen Handbewegungen von Gesprächspartnern, auch die Gesten, die wir selbst bis ins Detail beherrschen, die uns beherrschen.

Sicher bin ich kein Einzelfall, wenn ich behaupte, dass Strafe mit Nichtbe*achtung* die tiefsten Blessuren während der Kindheit darstellte und auch heute noch unübertroffen in ihrer Wirkung ist.

Wie weh es noch immer tut, wenn ein Partner nicht mehr mit uns sprechen will und mauert. So scheint er zu entgleiten. Wir bleiben ohnmächtig, machtlos zurück. Ein Reißzahn klafft in der Seele.

Sind solche Gebärden nicht die Fortsetzung der elterlichen Körpersprache, die der Lehrer oder ähnlicher Erziehungsberechtigter? Schließlich genossen sie alle eine ähnliche Schule, die das Ego bis zur Unkenntlichkeit der ursprünglichen Seele mit projizierten Bildern der Umwelt zu formen wusste. Wir lassen die Manipulationen oft weit ins Erwachsenenalter zu, bis der Tod der Eltern schmerzlich zur Abnabelung zwingt. Manchmal sind die Programmierungen so übermächtig, dass sie selbst dem Ableben trotzen. Dabei hatten wir uns doch alle so viel Besseres vorgenommen: „Wenn ich erst groß bin …!"

So spielen wir ein wahrhaftiges Gesellschaftsspiel, aus dem mit den Regeln und dem Verhaltensmuster von damals nur als Verlierer herauszukommen ist. Weil wir damit, was wir eigentlich *mussten* oder heute *müssen,* es sowieso noch niemandem recht machen konnten und auch nicht *müssen.*

Bereits früh lernen Heranwachsende die Enttäuschung kennen. Die eigene und auch die Desillusion derer, die Erwartungen an die Erben hegten.

Das Leben ist manchmal wie ein Schachspiel, aber in Wahrheit ist es jetzt von dir selbst zu beeinflussen, durch die eigens getroffene Wahl, wo du dich hinstellst, wann du weitergehst und wohin du gehen willst. Freundschaft und Liebe benötigen ein Spielfeld und vor allem Spielraum, um lebendig bleiben zu können.

Doch erst einmal zurück zur Entstehung des Dilemmas.

Aus uns *muss* etwas werden, also steckt man die Kinderseele beizeiten in die Kindertagesstätte. Leider *müssen* die meisten Eltern berufstätig sein, und somit verkürzt sich unsere gemeinsame, unwiederbringliche Zeit um einiges, und wir *müssen* zum ersten Mal pünktlich sein.

Bald schon *müssen* wir in die Schule, *müssen* Hausaufgaben machen, Klausuren bestehen. *Müssen* einen Beruf erlernen, *müssen* uns beweisen, *müssen* stärker, kompetenter, schöner sein als unsere Mitstreiter.

Schon sind die *müssenden* Dinge, die alle Lebewesen auf herrliche Weise verbinden, die zeigen, dass wir eins sind, vergessen, in den Hintergrund getreten. Im scharfen Wind des konkurrierenden Alltags atmen wir anscheinend nicht einmal mehr dieselbe Luft. Das Gesellschafts*muss* formt zu Gegnern.

Wir *müssen* Eigensinn ebenfalls auf Ämtern und Banken bremsen, ihn manchmal in Vereinen den Vorschriften beugen.

Ich wunderte mich eine Zeit lang über die Frage interessierter Kunden an einer Mitgliedschaft im Fitnessstudio, was sie zum Training anziehen *müssten.* Tatsächlich hatten ihnen einige Fitnesscenter nahegelegt, möglichst in modischer Markenkleidung zum Sport zu erscheinen. Menschen, die freiwillig einem anderen Geld bringen möchten, bekommen dazu gleich die Kleiderordnung vorgeschrieben?

Alle teilen wir ein Schicksal, und doch spielen einige Mitbewohner dieses Planeten „bessere Menschen“. Da taucht die Frage auf, ob sie wohl aus jemand anderem herausgekrochen kamen als einer menschlichen Mutter.

Nun, wir *müssen* diese verirrten Exemplare wohl erdulden, doch es *muss* nicht zwangsläufig krank machen. Wir werden diese Leute nicht ändern können, wir werden aber die eigene Reaktion auf sie ändern und glücklich darüber, nicht länger von ihnen abhängig zu sein.

Einige machen sich auf die ganz private Suche nach Menschen, die ins Leben passen. Dort wollen sie Geborgenheit finden, ankommen, so angenommen werden, wie sie sind. Eigentlich möchten sie gerade dort nicht mehr *müssen.* Fehlanzeige, leider!

Das Gegenüber wurde ebenfalls auf *Müssen* programmiert. Je mehr wir verlangen, desto mehr *müssen* wir anscheinend auch dort erfüllen. Die Parteien stellen Bedingungen an das Zusammenleben, und ein Austausch der Mängelberichte lässt nicht lange auf sich warten. Anschließend *müssen* die Beteiligten Besserung versprechen, sonst *müssen* sie sich bald einen anderen Partner suchen.

Es existiert eine Postkarte im Handel, auf der steht: Beziehungen sind der Versuch, gemeinsam Probleme zu lösen, die man alleine nicht hätte.

Du *musst* ist der Über(be)griff und zugleich die Zusammenfassung all dieser Probleme, die wir nicht hätten, wenn wir aus der Oberflächlichkeitsprogrammierung aussteigen würden, wieder lernen könnten, bedingungslos zu lieben, und eine Bereitschaft entwickeln würden, schärfer zwischen Fremdbewertung und Eigenbewertung zu unterscheiden.

Am Ende jedes Kapitels sind Fragen angefügt, die du deiner inneren Stimme stellen kannst. Sie sind die Putzkolonne für deine Seele und behilflich beim Ausmisten von Unnützem.

Darum frage aufrichtig, wenn sie dir eine Hilfe sein sollen!

Wenn du eine Frage liest und spürst, dass du noch nicht so weit bist, an schädigende Glaubenssätze heranzutreten, dann nimm dir Zeit. Auch bewusste Trauer und der Abschied von unnötigen Gefühlen oder belastenden Werten bedürfen des richtigen Zeitpunkts. Hier in deinem seelischen Leben bist du selbst der Chef und entscheidest, wann der nächste Schritt getan wird. Niemand zieht dir an diesem heiligen Ort die schützende Decke weg.

Bist du reif zur Klärung, wirst du erstaunt sein, wie deutlich die Antworten aus dem Unterbewusstsein heraussprudeln und so eine geistige Entwicklung entsteht, die dir das Tor zu deinem freien Selbst auf ewig öffnet und das Miteinander nicht nur in Partnerschaften erleichtert. Natürlich ist es hilfreich, auch selbst Fragen zu konstruieren. Probiere es ruhig. Diese Eingebungen stimmen synchron mit der Melodie der Seele ein.

Die Affirmationen zum Schluss wecken deine Ur-Fröhlichkeit und behüten dich im Alltag.

Jede neue Reise beginnt mit einem Entschluss und dem darauffolgenden ersten Schritt. Was erwartest du also in Zukunft von deinem Leben?

Viel Freude bei der aufregenden Reise zu dir selbst!

☆☆☆

Fragen an deinen Freigeist

- Welche Pflichten *musst/musstest* du täglich erledigen, nur damit du überlebst?
- Welche Dinge *musst* du zusätzlich verrichten, die nichts mit dir selbst zu tun haben, und welche davon befiehlst du dir selbst?
- Wer oder was zwingt dich zu den restlichen Erledigungen?
- Was würde geschehen, wenn du ab sofort einige dieser Tätigkeiten vernachlässigen würdest?
- Wem würde das zuerst auffallen, und wie würde diese Person sich darüber äußern?
- *Muss* dieser Mensch genauso viel tun wie du?
- Wie fühlst du dich, wenn du an spitze Bemerkungen dieses Menschen denkst?
- Warum tut er die Dinge nicht selbst?
- Wer ist dir bei alltäglichen Arbeiten behilflich?
- Wann hast du je den Unterschied gemacht zwischen dringenden Aufgaben und Erledigungen, die zwar wichtig, aber keinesfalls eilig sind?
- Wann warst du schon einmal in Schwierigkeiten, von denen du dachtest, sie nicht meistern zu können?
- Wie hast du es damals geschafft, aus diesen Situationen das Beste zu machen?
- Was würdest du einer Freundin oder einem Freund mit diesen Problemen raten?
- Wie könntest du überflüssiges, belastendes *Muss* loswerden?

- Was würde sofort deinen Tagesablauf verschönern?
- Was könntest du jetzt schon tun, damit sich dein Leben auf der Stelle positiv verändert?

☆☆☆

Ab sofort unterscheide ich Pflichten in Wichtig und Unwichtig.

Die wesentlichen Aufgaben meines Lebens absolviere ich mit Leichtigkeit.

☆☆☆☆☆

Alles, was wir im Selbst nicht finden, werden wir nirgendwo finden

Es wurden schon eine beachtliche Anzahl guter Bücher veröffentlicht über das Zusammenleben von Mann und Frau beziehungsweise über das Leben in partnerschaftlichen Gemeinschaften und die geschlechtsspezifischen Unterschiede, die immer wieder für den Zwist oder das Unverständnis zwischen den Liebenden verantwortlich zu sein scheinen. Homosexuelle Beziehungen unterwerfen sich jedoch bekannterweise den gleichen Problemen.

Wahre Herzensliebe scheint ohnehin geschlechtslos.

Dichter und Denker philosophierten über den Karneval der Seele, den der Zustand des Verliebtseins sowie das Höllenfeuer der Trennungen auszu*lösen* vermögen. Liebeslieder füllen seit Jahrzehnten ganze Hitparaden. Pioniere der menschlichen Psyche, wie Freud und sein Schüler Jung, haben die Pforten zu den verschiedenen „Ichs" geöffnet, tatsächliche Einblicke in die Seele des geliebten Gegenübers transparenter gemacht. Dadurch wurde die tolerante Reaktion auf die Eigenarten der Liebsten gefördert, sofern die Leser und Leserinnen offen dafür waren, die Informationen anzunehmen oder gar umzusetzen.

Aber all das Gesagte vermochte es nicht, die Zahl der Abschiede zu verringern und das Leid zu mindern, das Menschen bereit sind, einander anzutun, gegenseitig und auch an sich selbst gerichtet, in der alltäglichen Schlacht um Zuneigung oder gegenseitige Anerkennung. Der andere, das Du, entlockt dem Ich sein Zerbrechlichstes. Schwächen, Unzulänglichkeiten und Komplexe finden sich im Spiegel des Du.

Und kaum ein Schmerz ist größer als die Schmach, die der Zweifel um die wahrhaftige Liebe auszulösen vermag, verbunden mit eigenem, erniedrigendem Betteln nach ständigen Beweisen, ein Buhlen nach aufopferungsvoller Hingabe, die für einen kurzen Augenblick in der Lage wäre, die hungernde Seele in Sicherheit zu wiegen.

Aufforderungen wie:

„Du bringst mir nie Blumen mit. Du empfängst mich nie am Abend in einem netten Kleid. Du schreibst mir keine lieben Zettel mehr. Wir haben zu wenig Sex!", bleiben Hilferufe ins Leere.

Was soll ein Mensch denn antworten auf die Frage: „Liebst du mich?"

Hat der Mensch überhaupt die geringste Chance, ohne Konsequenzen in diesem Augenblick sagen zu dürfen: „Ich weiß es nicht", oder „Ich fühle gerade nichts, weil ich so viel mit mir selbst zu tun habe", oder gar: „Nein, jetzt gerade liebe ich dich nicht so, wie du es gerne hättest."

Solche Bedrängungen sind nichts als Bitterstoffe für eine Beziehung, und nie, nie werden wir genau wissen, wie ehrlich die Antwort war. Die Erwartungen sind es, die uns unglücklich machen.

Ständige Liebe ist genauso unnatürlich wie permanenter Hass. Das sind lebendige und manchmal sich verselbstständigende Gefühle, die nicht auf Knopfdruck abrufbar sind. Hier braucht die leidenschaftliche Liebe nicht den Vergleich mit der passionierten Lust nach kulinarischen Genüssen zu scheuen. Selbst dein Leibgericht würde, mehrmals täglich vorgesetzt, zum ungenießbaren Bitterstoff entarten. Häufigkeit und Besonderheit sind keine intimen Freunde.

Da kommt mir ein alter Freund in den Sinn. Das letzte Mal sah ich ihn auf dem Bildschirm in einer der so beliebten Sendungen über Auswanderer. Ich dachte an unsere hitzigen Gespräche, in denen er mir vor seiner Abreise vom Leben am Meer vorgeschwärmt hatte, und natürlich war ich ein bisschen neidisch auf seinen Mut, alle Brücken abzubrechen, aber noch viel lieber hätte ich ihn hier bei mir behalten.

Als ihn der Journalist fragte, wie er denn nun sein Leben direkt an der Küste empfinden würde, antwortet er prompt: „Ach, wissen sie, wenn man nun jeden Tag auf den Strand schauen kann, sieht man das Meer auch nicht mehr. Es ist halt ganz normal, dass es dort ist." Außerdem würde er sich schon längst überlegen, wohin er bald weiterziehen könnte. Anscheinend war er immer noch auf der Suche nach dem vollkommenen Glück.

Eine erfüllte, uns in Sicherheit wiegende Partnerschaft ist wie das gemeinsame Tragen einer schweren Tasche, gefüllt mit Leben und all seinen schönen und auch belastenden Teilen des Daseins. Jeder hält einen Henkel fest in seinen Händen, die Verbundenheit macht uns stark, und umso schwächender empfinden wie den Verrat des *plötzlichen* Loslassens eines Gefährten. Wir ziehen den ganzen Ballast als bremsende schwerfällige Masse nun allein durch unser Leben.

Warum funktioniert Verliebtheit nicht bis in alle Ewigkeit? Kam der Abschied wirklich so plötzlich? Oder hatten wir schon längst gespürt, dass etwas nicht in Ordnung war. Die eigene Erfahrung sagte mir: Immer wenn ein Partner die Flucht ergriff, war ich eigentlich auch schon länger nicht mehr so zufrieden mit dem Zusammenleben, doch der Aktivere, der den Schlussstrichs zog, bekam den Schwarzen Peter zugeschoben.

Hat der andere wirklich eher schlapp gemacht? Im Fall eines eigenen Fehltritts wären die meisten zur Beruhigung des Gewissens äußerst kreativ bei der Fehlersuche im Wesen des Partners. Dann ist er/sie selbst Schuld an der Misere.

Vielleicht funktioniert das Dauerkribbeln eben nur nicht, weil die Balzzeit vorbei, die Jagdsaison beendet ist und das Objekt der Begierde sich schon längst im Netz befindet, die Paarung schon stattgefunden hat. Ein ganz natürlicher Prozess, den wir einfach nicht akzeptieren wollen. Am Ende sind es genau diese immer wiederkehrenden Zweifel, die selbst die Stärksten in tiefste Depressionen stoßen und sie zu unüberlegten Handlungen treiben. Die Palette der Tragödien reicht von Selbstmord über Ehrenmord. Verzweifelte schreckten in der Vergangenheit selbst vor dem Auslöschen ganzer Familien nicht zurück.

Erschütternde Erstauntheit erfüllte mein Gemüt, als mir klar wurde, wie viele Menschen behaupteten, mit dem

Tod des Partners weniger Probleme zu haben, als ihn in den Armen einer anderen Person zu sehen. Was ist das für eine Liebe, die eher das endgültige Ableben des partnerschaftlichen Besitzes ertragen kann, als ihn glücklich weiterleben zu wissen?

Über unüberlegte Schwangerschaften und sogar Krankheiten werden Partner *gezwungen* oder nur vorübergehend überredet, sich nicht abzuwenden, ohne Einsicht, das Mitleid ein schlechter Begleiter im Zusammenleben ist. Zuwendung ist ein Geschenk, *müssen* wir darum betteln, sind es Almosen.

In manchen Familien „lohnte" es sich, krank zu sein. Es war dann in der Kinderzeit eine Art Schonzeit, in der die Eltern nicht schimpften oder schlugen. Man nichts lernen *musste* und ein Comic-Heft oder Schokolade außer der Reihe bekam. Damals waren solche Kleinigkeiten zwischendurch noch etwas Besonderes.

Doch als Erwachsene verliert das Erkranken die Rentabilität, es sei denn, um den eigenen Körper oder die Seele auszuruhen und ihnen die Zuwendung zu geben, die sie anscheinend schon länger versuchten einzufordern, die wir jedoch eisern verweigerten.

Stattdessen wäre eine Klärung der Krankheitsursache für die eigene Seele wesentlich wichtiger.

Krankheiten können durch Kränkungen entstehen.

Christian Morgenstern fasste dieses Phänomen wunderbar in einem einzigen Satz zusammen: Der Körper ist der Übersetzer der Seele ins Sichtbare.

Warum sollte ausgerechnet der Mensch, der uns gesund und unabhängig nicht mehr liebte, nun mit einem Gebrechen mehr Zuneigung entwickeln? Selbst intakte Beziehungen gehen unter Krankheit oder finanziellen Druck in die Knie, stellen die Gefühle der Beteiligten auf außergewöhnliche Probe.

Der Partner *muss* sich doch jetzt kümmern! Dieses Denken ist eher ein trotziges Überbleibsel aus der Kindheit: „Wenn ich erst tot bin, dann weint ihr an meinem Grab. Doch dann ist es zu spät."

Obwohl Mitgefühl sicher eine aufrichtige Form der Liebe darstellt und unentbehrlich ist für den Dienst am Menschen. Ob Mitleid jedoch ausreichend sein kann als Ersatz für Liebe? Das *muss* jeder für sich entscheiden.

Manchen Paaren gelingt es trotz ihres ganz privaten Kleinkriegs zusammen zu bleiben, sie gewöhnen sich an die verbalen Giftpfeile und die gegenseitige Einschränkung ihrer Lebenszeit.

Es steht niemandem zu, sich darüber zu erheben. Selten ist eine Verbindung für Außenstehende ausreichend transparent, um sich objektiv darüber auslassen zu dürfen.

Bei allem Streit vergessen die Parteien leider, dass das menschliche Leben nur einen Augenblick währt und die Kampfthematik in einigen Tagen schon keine Daseinsberechtigung mehr hat. Niemand weiß mehr, wie der Streit anfing, und vielleicht auch nicht, worum es eigentlich ging.

Für die verschiedenen Formen des Zusammenlebens mag es allerlei Gründe geben. In einer wirtschaftlich schwierigen Zeit ist Geld längst nicht das schwächste Band für den ewigen Bund der Ehe. Getröstet wird der/die liebesdürstende Gestalt manches Mal längst an anderer Stelle, von einem/einer, die wiederum von ewiger, aufrichtiger Liebe träumt. Doch auch dort lässt Bruder Selbstzweifel nicht ewig auf sich warten. Ohne zu erkennen, dass wir selbst der Architekt der Zerstörung sind, suchen wir immer wieder vergebens die Erfüllung in den Glaubensbekenntnissen unserer Partner, machen unser Wohlbefinden von ihrem Verhalten beziehungsweise ihrer möglichst auch für die Umwelt deutlich sichtbar gezeigten Zuneigung abhängig.

Tantalusqualen, der marternde Wunsch nach dem Unerreichbaren, veranlassen dazu, die eigentlich intakte Beziehung oder Familie zu zerstören, und das nur, weil es einem Gegenüber auf Dauer nicht gelingt, genügend dafür zu tun, damit das Ego sich aufgewertet fühlt.

In dieser kritischen Phase, in der wir es selbst nicht schaffen, das Selbst von innen heraus zu ernähren und der Partner (oder die Partnerin) schon für seine Ungeschicktheit und Nachlässigkeit in Ungnade gefallen ist, lässt das Finale der Krise nicht lange auf sich warten.

Nichts ist leichter für einen Jäger, als sich an eine geschwächte Beute heranzuschleichen. Verlockend die süßen Komplimente und schmelzenden Annäherungen auf dem Ball der einsamen Herzen. Ein Urteil über diesen leichtsinnigen Tausch steht ebenfalls nicht zu. Jeder kehre vor seiner eigenen Tür. An allen Türen sind wir längst nicht vorbei, und wer weiß, vielleicht haben wir schon morgen die gleichen Schuhe an und müssen an einer unbekannten Tür klopfen.

Wenn wieder einmal eine Ehe im Dorf scheiterte oder ein Seitensprung zur Freude der Bewohner ans Licht kam und die Lästermäuler keine Ruhe finden konnten, pflegte meine Großmutter zu sagen: „Ja, ja, und morgen rennt wieder ein anderer mit seinen Koffern die Straße hinunter."

Ein deutschsprachiger Entertainer konterte ebenso geschickt, als ein unverschämter Mensch ohne Absprache seine Homosexualität der Öffentlichkeit preisgab:

„Und morgen rennt eine andere Sau durchs Dorf."

Im Westerwald und sicher auch anderorts kennt man den Spruch: Unter jedem Dach ein Ach.

Und eine Klientin, die ich für ihren trockenen Humor bewundere und ihre Art, mit bösen Gerüchten über ihre Person umzugehen, antwortet lachend: „Je mehr man in Scheiße herumrührt, desto mehr stinkt sie!"

Nun, auch ich vermag es nicht, die abhanden gekommenen Partner zurückzubringen und habe auch kein Rezept für die ewig dauernde, glückliche Beziehung oder eine Geheimwaffe, um Nebenbuhler/innen davon abzuhalten, unseren Partner/innen die Nase langzumachen beziehungsweise sie in Versuchung zu führen. Und das ist auch gut so!

Weil wir uns aneinander reiben *müssen,* um zu wachsen. Das Spurenlesen in der eigenen Seele wird dann zu uns selbst zurückführen.

Es findet keine Entwicklung mehr statt, wenn zwei Menschen immer derselben Meinung sind, und wenn doch, hat entweder einer von beiden resigniert, oder er kann nicht mehr selbstständig denken. Miteinander zu wachsen wäre die beste Variante, leider bleibt sie meist utopisches Wunschdenken. So wird eine beachtliche Anzahl Erdenbürger immer wieder auf die Reise geschickt, ins Land der *müssenden* Liebeshungrigen, und traurigerweise ziehen sie sich dasselbe alte Programm zum wiederholten Mal bis zum Erbrechen hinein, ohne zu kapieren, dass der Schmerz, den andere uns beibringen, nur darauf aufmerksam machen möchte, dass wir uns endlich aufopfernd um uns selbst kümmern *müssen*, statt die Anerkennung ausschließlich im Außen zu suchen.

Der/die Person, die dich am Morgen anschaut, wenn du in den Spiegel blickst, ist das einzige Wesen, mit dem du den Rest deines Lebens auskommen *musst.* Alles darüber hinaus erlegst du dir selbst auf, auch wenn es zunächst so aussieht, als würde das Umfeld allein die Schuld an deinen Qualen tragen. In dem Moment, in dem wir anderen die Schuld an einer untragbaren Lebenslage geben, bekommt dieser zeitgleich die alleinige Macht an der Situation, etwas zu ändern, und die eigenen Wünsche sind in Abhängigkeit gebunden.

Erbrochenes braucht der Körper nicht mehr, und vielerorts sehen Heiler und Schamanen das Erbrechen als Reinigung und Loslassen von Überflüssigem und Blockierendem an. Kein Wunder also, wenn wir die eigenen Partner im Ausharren qualvoller Umstände oder vor einer Trennung regelrecht zum *...* finden.

Wir werden unsere Partner, Freunde, Eltern und Geschwister nicht ändern können. Was wir ändern können, ist der eigene Blickwinkel, Einstellungen und Reaktionen zu den Dingen, die uns zustoßen. Reaktionen sind oft Projektionen, also Übertragungen aus der Vergangenheit, die mit der aktuellen Situation wenig gemein haben, trotzdem sitzen sie täglich mit am Tisch. Und so reagieren wir auf die verletzenden Aktionen des Partners, wie wir immer in solchen Augenblicken reagiert haben. Daher keimen Aussagen wie: „Du bist genau wie meine Mutter. Du benimmst dich so bescheuert wie mein Vater."

Natürlich ist das der Todesstoß der Verbindung, während einer Unterhaltung mit den Schwiegereltern in einen Topf geworfen zu werden.

Michael Jackson schaffte es mit dem Earth-Song und dem dazugehörigen Video in knapp vier Minuten, auf ohnmächtig fesselnde Weise zu vermitteln, zu welcher Zerstörung unzufriedene Menschen in der Lage sind.

Menschen verändern sich massiv, wenn sie aus Gründen der Gier, Unzufriedenheit oder Unerfülltheit zu Fordernden werden. Sie gehen geradezu über Leichen. Es kann sein, dass der geliebte Partner sein Wesen plötzlich bis zur Unkenntlichkeit wandelt und vor nichts mehr haltmacht.

Ein mongolisches Sprichwort besagt: Vertraue auf Gott, aber binde dein Kamel trotzdem an.

In Deutschland meint man wohl dasselbe mit anderen, direkteren Worten: Vertrauen ist gut, aber Kontrolle ist besser.

So können wir nur selbst dafür Sorge tragen, nicht mehr zur Verfügung zu stehen für die Psychospielchen der Mitmenschen. Steigen wir doch einfach aus den belastenden, deprimierenden Veranstaltungen des Alltags aus. Verletzungen bieten eine Chance, sich selbst zu finden. Dort angekommen, braucht der Mensch krankmachende Beziehungen und Konflikte nicht mehr. Diese Loslösung aus alten Mustern wird zusätzlich im Umgang mit Freunden und Vorgesetzten für Erleichterung sorgen. Alltäglich krankmachende Inszenierungen erscheinen dann wie Nachrichten in einer fremden Sprache, sie berühren uns nicht mehr. Menschen, die einen anderen Sender eingestellt haben, auf einer anderen Wellenlänge sind, stören dich nicht länger in deiner Fröhlichkeit.

Wir mögen vielleicht nach jeder beendeten Partnerschaft mit neidischen Blicken auf die perfekten Ehen der Nachbarhäuser schielen, uns minderwertig fühlen, weil wir verlassen wurden, verschmäht werden oder selbst wieder eine Beziehung in den Sand gesetzt haben, doch woher weißt du genau, dass das, was du dort draußen siehst, die Wahrheit ist und nicht ein perfekt organisiertes Täuschungsmanöver?

Sicher hast du selbst bereits die Erfahrung gemacht, wie anstrengend es ist, vor dem Umfeld den Schein zu wahren, als sei alles in bester Ordnung, obwohl du am liebsten laut losgeheult hättest. Könnte es denn sein, dass dein Nachbar mit all seinen Verpflichtungen und seinem *Müssen* dich um deine wiedergewonnene Freiheit beneidet?

Da hat sich nun eine Tür in deinem Leben geschlossen, aber wie viele neue werden sich im Gegenzug öffnen. Auch hier vielleicht kein Ende, sondern der Anfang von etwas Wunderbarem.

Leider im Moment noch unsichtbar für dein verirrtes, verletztes Herz.

Jedenfalls hinterlässt jeder Partner im Leben Spuren, vielleicht sogar im Herzen. Egal, ob die Begegnung drei Tage, drei oder dreißig Jahre andauerte, sie hat dich in deiner Entwicklung vorwärts gebracht und die Vorbereitung auf das Zusammentreffen mit dem nächsten Menschen getroffen. Wir alle wären nicht die Menschen, die wir sind, wären da nicht unsere vergangenen Beziehungen gewesen. Neueroberungen entwickelten sich dank vergangener Beziehungen erst so weit, dass wir sie lieben können. Die alten Partner haben sie zu dem geformt, was sie nun sind. Wäre es da nicht besser, die Verflossenen etwas mehr zu achten, anstatt eifersüchtig mit ihnen in den Vergleich zu treten?

Neue Verbindungen befördern das Ego in die nächste Entwicklungsebene. Vermutlich wären die Beteiligten ohne die Eindrücke aus dem gescheiterten Zusammensein nicht in der Lage, mit den zukünftigen Bekanntschaften auszukommen.

Eine amerikanische Sängerin und Schauspielerin mit regem Verschleiß an männlichen Weggefährten soll einmal gesagt haben, sie habe keinen der Männer festhalten wollen, um auf den, der danach kam, zu verzichten, und eine Klientin, die schon mehrere Trennungen hinter sich hatte, weil *ihre* Gatten eine Vorliebe für Frischfleisch entdeckt hatten, bemerkte, dass sie ihr Leben nicht als gescheitert betrachten würde, bloß weil ein Mann verrückt gespielt hätte.

Ein logischer, produktiver und tröstlicher Gedanke bei der utopischen Anzahl von rund sieben Milliarden Menschen auf unserer Erde. Welche Auswahl könnte größer sein?

Noch krasser formulierte es eine sexuell überaus aktive Sportlerin und meinte: „Der schnellste Weg, über eine Trennung hinwegzukommen ist, sich schnellstmöglich unter einen anderen Mann zu legen."

Humor ist tatsächlich, wenn man trotzdem lacht.

Wenn das Leben uns schon die nächste Bruchlandung zumutet, sollten wir in der Lage sein, die schmerzvolle Erfahrung nutzvoll einzusetzen, um sie auf den Komposthaufen der Beziehungen zu schichten und Frisches darauf zu säen.

Neuanfänge reinigen, bringen eine Kehrtwende. Egal, ob mit dem alten Partner recycelt oder in einer neue Liebe. Es dauert jedoch eine Zeit, bis Angebranntes aus der Beziehungspfanne herausgekratzt ist und ein guter Start möglich wird. Meist macht der Trennungsschmerz ungeduldig, und die Zeit ist zu kurz für die Beteiligten, aus den Fehlern etwas gelernt zu haben. Dann geht es mit den gleichen Spielfiguren noch einmal in die Verlängerung.

Ein Richtungswechsel mit frischen Zutaten allerdings setzt alle Beteiligten in eine neue Startposition, beleuchtet Schattenseiten in uns und den Mitspielern. Das Samenkorn Mensch hat einen neuen Acker gefunden.

Wenn wir weiter trotzig nach denselben alten Mustern eine Partnerschaft aufbauen, werden immer wieder dieselben Konflikte aktuell. Wiederkäuend, bis wir es kapiert haben. Dabei spielt das Gegenüber eher die untergeordnete Rolle.

Unser mangelndes Selbstbewusst*sein* ist der größte Feind! Daran kann kein noch so bemühter Partner etwas ändern. Unerfülltheit bleibt an der Tagesordnung, weil Fremdliebe allein nicht zu innerem Frieden führt. Selbstliebe macht angstfrei.

Ich blase keine Halali zur Jagd und singe kein Halleluja auf Trennungen. Doch verhindern können wir die Abschiede nicht. Aber wir haben die Chance, dafür Sorge zu tragen, dass ein anderer nicht die Macht erhält, innerhalb von Partnerschaften beziehungsweise Verbindungen zu entscheiden, ob es uns gut oder schlecht geht. Wir müssen nicht zwingend reagieren wie ein Baby, dem man den Schnuller herauszieht, das nicht aufhört zu weinen, bis sich jemand erbarmt und ihn wieder rein steckt. Damals, als Säugling, waren wir der Willkür der Mitmenschen ausgeliefert, und zum Glück verstanden wir die Gefahren und Abhängigkeiten noch nicht. Als Säugling hatten wir wirklich allen Grund zur Ängstigung. Später im Kleinkindalter besaßen viele von uns eher den Instinkt dafür, wie wir am besten aus traurigen Situationen herauskommen konnten. Wir schafften uns eine Traumwelt, hatten Bücher, Tiere und Lieder, die zu trösten vermochten. So bildeten wir den Grundstein für unser seelisches Wohl, wurden immer wieder Herr der Lage, und an diese Ressourcen können wir heute noch immer andocken, um wieder in uns selbst zu ruhen.

Erst später, in der Rebellion der Pubertät und in den Forderungen des Alltags, blieben die fröhlichen Seelen auf der Strecke.

Es wäre doch zu schade, gäbe es für jeden Menschen nur einen Partner, für jede Biene nur eine Blume. Was für ein Trauerspiel. Der Wandel der Erde wäre längst Geschichte. Glücklicherweise passen viele verschiedene Deckel auf einen Topf.

Also betrachte ich mir so meinen eigenen Werdegang und blicke schmunzelnd auf meine Verflossenen zurück, ganz ohne Groll und mit dem Wissen, dass die getrennten Wege mich stärker gemacht haben, weil ich mir all die Zuneigung irgendwann selbst geben *musste*, die ich von ihnen nicht mehr bekam. Das ist die große Freiheit und eine Möglichkeit zur bedingungslosen Liebe, ohne Erwartungen erfüllen zu *müssen*, ohne auf wohlwollende Gesten angewiesen zu sein oder in eine seelische Abhängigkeit zu geraten.

Verletzungen sind die Chance, sich selbst zu finden. Verloren sind wir nur, wenn wir uns selbst verlassen.

Somit ist dieses Buch auch ein Dankesschreiben an alle Ehemaligen. Schließlich wird jeder von uns irgendwann zum Ehemaligen. Sei es durch den Tod, dem selbst der ewige Bund der Ehe (die auch keine Lebensversicherung ist) nicht zu trotzen vermag, die Veränderung durch eine Krankheit oder durch das Leben selbst. Spätestens dann sind wir gezwungen, das Leben mit uns selbst zu arrangieren. Den Partner loszulassen. Warum also nicht schon jetzt damit beginnen?

Fragen an deinen Selbstliebeaktivator

- Welche Beziehungen in deinem näheren Umfeld beneidest du um ihre Harmonie?
- Was läuft bei diesen Menschen anders als in deinem Leben?
- Woher kannst du so sicher sein, dass das, was du siehst, auch der Wahrheit entspricht?
- Welche Bedingungen stellst du an eine glückliche Partnerschaft?
- Woran zweifelst du am meisten im Beisammensein mit einer Person?
- Wie viele Menschen konnten deine gestellten Anforderungen bisher erfüllen?
- Wann schaffte es ein Mensch, dir deine Selbstzweifel auf Dauer zu nehmen?
- Wie oft konntest du die Wünsche von Partnern nicht ausreichend oder nur ungern erfüllen?
- Wo verbirgt sich für dich die gute Absicht bei den gestellten Forderungen deines Partners?
- Wann fühltest du dich zum letzten Mal ohne den Einfluss eines anderen Menschen vollständig?
- Was hast du in diesem Augenblick der Ausgeglichenheit getan?
- Was *müsstest* du unternehmen, um wieder in diesen friedvollen Zustand zu gelangen?
- Wer könnte daran interessiert sein, dich davon abzuhalten, ein erfülltes Leben zu führen?

- Warum würdest du zum Wohl dieser Person auf die Erfüllung deiner Wünsche verzichten?
- Was bringt dir der Verzicht auf ein zufriedenes Dasein auf Dauer ein?
- Welchen Kompromiss zur Erfüllung der Bedürfnisse aller Beteiligten könnte es geben?
- Wie wirkt sich eine schlechte/gute Gemütsverfassung auf deine Partnerschaft, deine Gesundheit und deine Kinder aus?
- Wie würde sich das Leben der Menschen, die dich ehrlich annehmen, ändern, wenn du dich rundum wohlfühltest?
- Wen kennst du, der tatsächlich seinen eigenen Weg geht?
- Wie schafft dieses Lebewesen das, und was macht es/er/sie anders als du?
- Wieso hast du nicht wenigsten einige dieser Möglichkeiten zur Veränderung?

☆☆☆

Glücklich sein fängt bei mir selbst an.
Ich erfülle mit gutem Gewissen
meine eigenen Bedürfnisse.

☆☆☆☆☆

So stell ich mir die Liebe vor!

Nach einem Streit mit einer geliebten, nahestehenden Person wird der Menschenseele umso schmerzlicher ihre verdammte Einsamkeit und Ohnmacht bewusst, die allein dieses einmalige Gegenüber durch Entzug seiner Zuneigung und Liebe auszulösen vermag. Eben noch ein vollständiges Ganzes in trauter Zweisamkeit – Yin und Yang, Mann und Frau, Freund und Freundin, zwei Herzen und ein Schlag, Seelenverwandtschaft –, und Sekunden später? Ein, zwei jämmerliche Häuflein Elend, Trauerkloß oder Punkteschreiber. Katz und Maus.

Zerrissenheit, dumpfer Schmerz und lähmende Leere waren die Gefühle, die ich einst in solchen Situationen empfand, und manch' Leidender beschreibt es schlichtweg als Liebeskummer oder Verlassenheitsgefühl beziehungsweise Verlustangst oder Leere.

Eine große Gruppe Menschen hat nie erfahren dürfen, dass Konflikte auch konstruktiv sein können, einander näherbringen oder gar zu sich selbst finden *lassen*, indem für alle Beteiligten akzeptable Lösungen entwickelt werden. Die meisten haben eher die Erfahrung gemacht, dass Konflikte Menschen entzweien und heftige Diskussion ein Gefühl des Ausgestoßenseins, der Nichtachtung und des Liebesentzugs auslöst. Jedenfalls *mussten* wir als Kinder eine Menge dafür tun, Kratzfüßchen machen, damit wir uns wieder beachtet und in die Gemeinschaft aufgenommen fühlten.

Höhnisch und mit breit grinsender Miene, immer dann, wenn die Harmonie in der Familie zu kippen drohte, die Stimmen sich zum Kampf rüsteten, gab ein Verwandter triumphierend zum Besten: „So stell ich mir die Liebe vor!“

Ich war damals ungefähr sechs Jahre alt, doch dieses kurze Innehalten – ja, allen stockte im wahrsten Sinne der Atem – ist mir bis heute fest in Erinnerung geblieben.

Der zynische Ausspruch stammte von einem Mann, der so viele schlechte Erinnerungen an die Partnerschaft seiner Eltern hatte, dass er es nie vermochte, einen Menschen so dicht an sich heranzulassen, um eine lang andauernde Beziehung überhaupt in Frage kommen zu lassen. Sein eigener Vater bestätigte persönlich, dass eine Woche Frieden in dieser Familie immer eine teure Angelegenheit darstellte. Er *musste* seine Liebe durch teure Möbel, Schmuck und Pelze beweisen.

Bei uns schlich sich trotzdem nach durchstandener Familienschlacht Neid, gepaart mit ein wenig Neugierde, um die Lebenssituation des Hetzers ein.

War er mit seiner eigensinnigen Lebensweise etwa allen anderen gegenüber im Vorteil? Hatte er durch sein selbst gewähltes Singledasein tatsächlich ein sorgenfreieres Leben, oder war er bloß Gefangener gesammelter Eindrücke einer verkorksten Kindheit und Jugend, also behindert in der Kontaktaufnahme zu Partnerinnen, vielleicht auch Partnern? Kannte er die Einsamkeit des Ausgestoßenseins, sehnsüchtige Gefühle, oder war die Vermeidung von Schmerz alles, worauf die hoffnungslose Lebensweisheit basierte? Zumindest rüttelte der Querulant die beteiligten Streithähne emotional noch schlimmer durcheinander.

Jede zweite bis dritte Ehe wird geschieden, und die Anzahl der Beziehungen, die ausschließlich auf dem Papier existieren, also aus Vernunftgründen aufrechterhalten werden, schlummert im Verborgenen. Am Ausgangspunkt gab es nur einen guten Grund für die Nähe des anderen: LIEBE! Einige Zeit vergangen, klaffen Theorie und Praxis in Rational und Emotional auseinander. Trotzdem begeben sich die meisten immer noch mutig auf die Suche nach dem perfekten Gegenüber. Frohen Mutes ziehen sie abermals los, mischen sich munter unters Volk.

Was geschieht mit den alten Narben? An Narben erkennt selbst der Nichtmediziner vergangene Verletzungen. Sind es vielleicht gar keine aktuellen Wunden, die Ehen, Beziehungen oder Freundschaften scheitern lassen, sondern wird eher durch immer wiederkehrende Verhaltensmuster eine Quelle gespeist, die so viel Energie erzeugt, um zum x-tenmal in eine zerstörerische Wiederholung zu gehen, obwohl wir ziemlich sicher sind, den Expartner durch einen ganz anderen Charakter ersetzt zu haben?

Geläutert wird bald klar, der/die Ehemalige war gar nicht so schlimm, und das Neue strauchelt gleichsam angespannt im Alltagstrott. Wir mögen den Hund, aber mit den Zecken und Flöhen wollen wir lieber nichts am Hut haben.

Ab einem gewissen Alter transportiert jeder Mensch sein ganz persönliches Päckchen in Beziehungen.

Schließlich sind wir nicht gestern erst geschlüpft!

Der eine hat Schulden, der andere Kinder, der nächste eine Krankheit oder eine exklusive Eigenart. Wer ist schon perfekt?

Nichts im Gepäck zu haben deutet darauf hin, entweder besonders geschickt mit seinem Leben verfahren und obendrein ein Glückspilz oder im Besitz einer großen Macke zu sein, mit der kein halbwegs normaler Mensch auszukommen vermag. Wenn das nicht klar ist und darauf spekuliert wird, der andere müsste uns zum Glück verhelfen, verpassen wir wieder die rechtzeitige Inventur der Verbindung. Die geschundene Seele wandert abermals in die „falsche" Richtung, steuert wieder in den partnerschaftlichen Bankrott. Zum Trost: Sie lernt stetig weiter! Entwickelt sich langsam von der Wegwerfmentalität in Richtung Mehrweg. Das Alter lehrt die Menschen, Milde walten zu lassen, mit sich selbst und den ihnen vom Schicksal anvertrauten Psychen.

Hast du je ein Buch nach langer Zeit ein zweites oder drittes Mal gelesen? Es ist erstaunlich, wie der Inhalt sich mit der eigenen Entwicklung wandelt. Immer wieder belichtet der Geist die Geschichte aus einem anderen Blickwinkel. Das ist mit dem eigenen Lebenslauf und den Begegnungen nicht anders. Ereignisse oder Verhaltensweisen von Menschen, mit denen wir einst nichts (mehr) anzufangen wussten, bekommen nach einigen Jahren einen anderen Wert. Sogar Dinge, die vor längerem erlebt wurden, stehen gegenwärtig in einem anderen Licht. Jeder Leser, der mit Leidenschaft ein Tagebuch führt, wird diese

Tatsache bestätigen können. Nach einiger Zeit blickt man in die Seiten und kann kaum fassen, wie schwer das Leben einst erschien, und doch wurden die Schwierigkeiten meistens ohne Schaden überstanden.

Mein Vater archivierte mit Vergnügen die Aufsatzhefte aus der Grundschulzeit. Unmittelbar vor seinem Geburtstag begann er alljährlich das Haus zu entrümpeln und bat meinem Bruder und mir wiederholt unser kindliches Kauderwelsch zur Übernahme an. Doch wir wollten mit dem „alten Mist", der einst das Leben so erschwert hatte, nichts mehr zu tun haben. Zum Glück fiel mir später zufällig(?) eines meiner Hefte in die Hände, und es stimmte mich zuversichtlich zu sehen, über welche Ideen ich als Kind verfügte. Das war ich einmal, und es ist heute immer noch ein Teil von mir. Die Zeilen in den Händen zu halten ist eine bereichernde Begegnung mit dem kleinen Mädchen von damals.

Vor anderen gut dazustehen, und das bezieht sich nicht ausschließlich auf unsere Partnerschaften, ist eines der größten Probleme und Anliegen des Menschen. Doch *müssen* Menschen sich wirklich dermaßen abstrampeln, damit endlich ein Partner bei ihnen hängenbleibt, ein Mensch sie für so wertvoll erachtet, um eine enge Freundschaft einzugehen?

Eine Kundin brachte sich mit ihrer aufpolierten, manipulierten Selbstdarstellung stets um Kopf und Kragen. Bei jeder männlichen Neubekanntschaft unterschlug sie mindestens zehn ihrer kostbaren Lebensjahre, und regelmäßig gaben die Männer ihr den Laufpass, als sie hinter die Lüge stießen, obwohl man(n) ihr das tatsächliche Alter nicht ansah. Ganz nach Katalogmanier fühlten die Herren sich betrogen, bekamen nicht das geliefert was sie sich gewünscht hatten, und gaben die Ware zurück.

Im Gegensatz zum Osten schämen sich die Menschen der westlichen Erdhalbkugel für ihr Alter, während unsere Nachbarn die Älteren hofieren und als eine hervorragende Leistung ansehen, dem Verfolger Tod über viele Jahre ein Schnäppchen geschlagen zu haben. Das *muss* doch auch erst einmal einer nachmachen!

Permanent verschwieg die Schwester einer Freundin in den ersten Wochen den Bekanntschaften ihre vier Kinder, in der Hoffnung, der Anwärter habe nach einer Zeit so den Narren an ihr gefressen, um über den Nachwuchs hinwegzusehen.

Vom Kindersegen wollten die Liebhaber jedoch nicht viel wissen. Sie waren eher auf Spaßsuche.

Internetportale liefern die perfekte Plattform zur Selbstdarstellung, und jeder scheint wohl im Glauben, er wäre nicht gut genug für den Markt und *müsse* die Rassekennzeichen etwas aufpolieren.

Für wen eigentlich?

Da kommt mir ein Märchen in den Sinn. Es sind die Brüder Grimm, die damals schon mit ihrem Aschenputtel zu erzählen wussten, wie mühselig und schmerzhaft es sein kann, etwas Besseres sein zu wollen, sogar zu *müssen,* in der Hoffnung, nach den Mühen oder Entbehrungen mit dem Erreichen des Ziels und der Eroberung würde sich das Leben zum Guten wenden.

In Aschenputtel wirkt eine gierige Mutter mit, die ihre Töchter in einen höheren Stand gehoben sehen will. Sie schreckt nicht einmal davor zurück, die Mädchen zur Selbstzerstümmelung aufzufordern: „Hau' die Zehe ab; wenn du Königin bist, brauchst du nicht mehr zu Fuß zu gehen."

Was die Menschen einmal bereit wären, sich anzutun, konnten die Grimms doch unmöglich vor 200 Jahren ahnen. Geltungsbedürfnis, also ein Seelenleid, seit Menschengedenken? Großzügig gepudert wurde damals bereits, mit fatalen Folgen.

200 Jahre später bilden die Onlinenutzer sich obendrein ein, die Optik allein reiche nicht aus, um erfolgreich Beute zu machen. Zusätzlich wird der Job aufgepeppt, leitende Posten besetzt, und als wäre das noch nicht genug, vertreibt man sich die Freizeit mit Extremsportarten oder begibt sich auf Abenteuerreisen mit Haifischgarantie. Per Mausklick sind Benutzer in der Lage, im Zeitraum weniger Minuten 200 Menschen zu kontaktieren, und doch ist die Chance, tatsächlich eine Seele darunter zu orten, die mit der eigenen schwingt, verschwindend gering.

Da stellt sich der Mensch doch schon als besser dar, dennoch steigt die Einsamkeit weiterhin in der Bevölkerung an. Woran mag das liegen? Nun, auch der schönste balzende Vogel wird nicht dem gesamten Tierreich imponieren.

Vielleicht auch, weil zu wirklicher Zuneigung mehr gehört, als Eckdaten zu berücksichtigen wie bei einem Neuwagenkauf?

Auf keinem Gebiet wird so massiv gelogen wie in Sachen Geld, Sex und Schönheitsoperationen. Die Reduzierung auf Einzelteile geschieht vollkommen freiwillig. Toller Spoiler, tolle Reifen, tolles Heck. Wofür wollen wir denn geliebt werden? Für das, was wir sind, oder für das, was der/die andere von uns erwartet? Möchten wir tatsächlich im Alter auf die selbstvergewaltigte Seele schauen, mit dem Wissen, dass es für eine befriedigende Veränderung zu spät ist?

Auf diese Weise begonnene gemeinsame Lebenswege können nur an der nächsten Kreuzung auseinandergehen. Das Lügengebäude lässt sich im Beisammensein nicht aufrechterhalten.

Ein klitzekleiner Ausschnitt einer Person soll ausreichen, um einen Beobachter dazu zu veranlassen, sich mit ihr abzugeben oder sich von ihr abzuwenden. Das ist, als würde man ein schönes Gemälde betrachten und dabei nur in eine kleine verschmierte Ecke rechts unten starren und sich ein Urteil über das gesamte Kunstwerk anmaßen.

An diesem Punkt sollten wir beginnen zu fragen, was die Selektion bei der Fleischbeschau im Schlachthof oder beim Bewerbungsgespräch nach Gewicht, Augenfarbe oder Beruf mit aufrichtigen Gefühlen gemeinsam hat.

Sabrina, eine Klientin in den Fünfzigern, war nach einer lebensfüllenden, aber unerfüllten Partnersuchodyssee das ganze Spektakel satt und meinte schließlich: „Weißt du, es kann auch schön und entspannend mit mir selbst sein. Ich gehe am Abend zu Bett, und es ist ganz egal, ob ich zum Duschen zu müde war, meine Beine ordentlich enthaart sind oder Make-up Reste an der falschen Stelle hängen. Ohne Wertung bin ich für mich selbst da."

Geliebt, vergöttert und auf strahlendem Podest. Märchenhaft. Der Prinz, die Geliebte sehnsüchtig auf ihren Erlöser wartet. Zu Beginn der Begegnung legen wir eigens den Grundstein, die Messlatte für das spätere *Müssen*. Das sind die Maßstäbe, die in Zukunft zu erfüllen sind. Wehret den Anfängen!

Auf dem Fluchtweg aus einer Verbindung hören wir dann, dass der Ehemann oder die einstige Traumfrau sich gehen lässt. Ist das wirklich so? Oder hat der auf Oberfläche trainierte Blick dieses wunderbare Wesen hinter der meist zum eigenen Schutz aufgebauten Fassade gar nicht erkennen können? Ohne modischen Plunder sehen wir gar nicht mehr so unterschiedlich aus. Schon gemerkt?

Das eigene Auftreten leistet Versprechungen, lockt anspruchsvolle Interessenten an, die im Herbst der Liebe auch noch bei Laune gehalten werden *müssen.*

Eine Mittdreißigerin wunderte sich laut, dass ihre Freundinnen ihren Ehemann so unglaublich attraktiv fanden.

„Ich kann seine Schönheit nicht mehr sehen", meinte sie mit traurigem Blick.

Was war geschehen? Schlechte Sterne oder gar ein Fluch? Warum enden Beziehungen immer wieder im selben Fiasko? Was erwarten wir denn von Partnerschaften? Welche Bedingungen *müssen* für eine andauernde Liebe erfüllt werden, und wo können wir diese schaffen? Und wer ist überhaupt in der Lage, eine Seele dauerhaft bei Laune zu halten, das Selbstbewusstsein aufzupolieren und über Einsamkeit und Trauer hinwegzuhelfen?

Bis wir das eigene Innere verstehen und die seelische Selbstbefriedigung wieder erlernt haben, gehen wir zyklisch den Pakt mit dem Rumpelstilzchen ein. Ein nächstes wunderschönes Märchen der Gebrüder Grimm, das mir zum Vergleich beisteht, in dem die arme Müllerstochter unter Vortäuschung falscher Tatsachen in eine traurige Lage gerät und aus Verzweiflung einem Kuhhandel mit einem kleinen, widerlichen Zwerg zustimmt, um gut aus der Sache herauszufinden. Doch was sich zunächst wie Hilfe präsentiert, erweist sich bald als bedrängende Abmachung. Wer nimmt, wird auch gefordert. Es ist ein Soll zu erfüllen, und meistens ist der Preis zu hoch.

Lassen gebrannte Kinder am besten gleich die Finger von Bindungen, die an Bedingungen geknüpft sind, und ersparen sich das Fingerverbrennen? Immer wieder höre ich, dass Menschen nie wieder eine feste Beziehung wünschen und auf welch niederträchtige Weise sie sich am anderen Geschlecht rächen, beim nächsten Mal viel vorsichtiger sein werden und sich nie wieder richtig verlieben möchten usw. Es ist anstrengend, wider die eigene Natur zu handeln.

Den meisten zieht das schmachtende Herz, dem Himmel sei Dank, einen Strich durch die niederträchtigen Pläne. Ungestillte Sehnsucht treibt hinaus, und Tausende fröhlich quietschende Babys, stetig steigende Kontaktanzeigen und Vermählungen tragen Zeugnis für den mutigen

Neuanfang der einstmals Verwundeten.

Wir haben den Glauben an wahrhafte Gefühle noch nicht verloren!

Aber was können wir gegen den wiederkehrenden Abschiedsschmerz tun?

Den Blickwinkel auf das eigene Wohlbefinden richten und nach alten Ressourcen zu graben beginnen. Mit dem Vorsatz, glücklich zu sein!

Wenn dann wieder ein geliebter Mensch verschwindet, sollte uns bewusst werden, wie lange wir bereits vor der Begegnung ohne seine Begleitung gelebt, sogar überlebt haben. Viele waren schon um die zwanzig Jahre alt, bevor sie eine festere Beziehung begannen, und weitere folgten. Faktisch wurden also mindestens zwanzig Jahre ohne Partnerschaften bestritten. Warum sollten wir jetzt nicht weiter versuchen, zu (über)leben?

Im Leben einen Haken zu schlagen ist allemal spannender und lebendiger, als ohnmächtig auf den nächsten Schlag zu warten. Die Lebenswende Trennung ist zum Glück alles andere als das Lebensende!

☆☆☆

Fragen an die verwundete Seele

- Wie wurden Konflikte in deiner Ursprungsfamilie ausgetragen?
- Welche Gefühle hattest du im Anschluss an die Diskussionen und Streitgespräche?
- Wie fühlst du heute im Fall eines Streits, und was könntest du an deinem Verhalten verbessern?
- Wie oft ging deine Familie mit schwierigen Themen in die Wiederholung?
- Wie *musstest* du dich als Kind verhalten, um nicht das Gefühl zu haben, ungeliebt oder ausgestoßen zu sein?
- Welches war das stützende Fundament der Beziehung deiner Eltern?
- Welches Fundament schafften deine Beziehungen/ Freundschaften?
- Wann hast du je dein Idol fürs Leben gefunden?
- Wodurch scheiterten deine Verbindungen, oder wodurch kommt es in der aktuellen Beziehung immer wieder zu Unruhe?
- Welche Ähnlichkeiten weisen deine Gefühle und Reaktionen als Erwachsener mit den Empfindungen der Kindheit auf?
- Wie viel Freude hast du an deiner Selbstdarstellung wirklich?
- Was würde geschehen, wenn du ab sofort nur nach deinem Herzen handeln würdest, und wer würde es zuerst bemerken?

- Was könnten alle Beteiligten unternehmen, um aus Konflikten annehmbare Entwicklungen zu konstruieren?
- An welcher Person könnte die positive Entwicklung scheitern, und warum?
- Was könntest du sofort für dich selbst tun, wenn dir das Verhalten eines anderen Menschen nicht behagt?
- Wie klar kannst du für dich selbst einstehen und ausdrücken, was dir in einer Verbindung wichtig ist?
- Wer könnte am schnellsten dafür sorgen, dass es dir gut geht?

☆☆☆

Ich bin gut so, wie ich bin!
Genauso hat das Universum mich gewollt!

☆☆☆☆☆

Es gibt keine Schuldigen

Ganz gleich, ob wir verlassen werden oder selbst den Übeltäter im tragischen Ende einer Liebesgeschichte spielen, in spurloser Trauer geht die Zeit an keinem der Beteiligten vorüber. Trennung ist ein gewichtiges Trauma in jedem Dasein.

Die besten Liebesgeschichten enden auf der Theaterbühne tragisch. Selbst schon Täter und auch Opfer gewesen, weiß ich aus Erfahrung um die Qualen beider Seiten. Geht der Mensch mit Pauken und Trompeten, quält ihn zumindest das schlechte Gewissen, und das Denken dreht sich um die Frage der Richtigkeit seines Vorgehens. Schließlich lauerte in unseren ehemaligen Kinderstuben bereits das Fegefeuer, die Strafe für unerwünschtes, eigenmächtiges Handeln. Ungeschoren davonzukommen war eher selten.

„Du kriegst schon noch dein Fett weg. Siehst du, was haben wir dir gesagt. Schuster bleib bei deinen Leisten. Du hättest besser auf uns gehört", waren nachhallende Worte.

Außerdem, auch wenn der Weg selbst gewählt wurde, gibt man Gewohntes und Vertrautes auf, das Leben schreit nach neuen Strukturen.

„Selbst schuld", könnte man jetzt sagen, doch der Mensch, der geht, kann genau diese Erfahrungen, die ihm im eigenen Lebenspuzzle zur Vollständigkeit fehlen, nur machen, wenn er dem Weg der Abnabelung folgt und den anderen zurücklässt. Eine Entwicklung funktioniert leider nicht immer in der alten Konstellation.

Dahinter können sich eventuelle Süchte verbergen. Süchte sind die Suche nach sich selbst. Aber alle Gier teilt sich den Hunger nach mehr. Im Fall von Beziehungen treibt das Verlangen nach mehr Anerkennung oder die dadurch empfundene Liebe immer wieder in die Arme vielversprechender Zöglinge.

Tatsächlich existiert eine gespürte Einsamkeit in Partnerschaften, die Empfindung, am langen Arm des Partners, der Partnerin, zu verhungern. Ersaufen im Verlassenheitsgefühl, obwohl nicht allein. Er/sie *muss* gefälligst was tun, damit es mir besser geht! Aber er/sie geht lieber seinen/ihren eigenen Weg.

Die Verlassenen sollten verstehen, dass dieses Verhalten nicht das Geringste mit ihrer Person zu tun hat, sondern es sich um eine ganz persönliche Angelegenheit des Flüchtenden handelt.

Wie in einem der vorhergehenden Kapitel erwähnt, werden Verhaltensmuster gerne mit den kulinarischen Vorlieben für Speisen und Getränke verglichen. „Man(n) nimmt doch kein Bier mit nach München. Man kann doch nicht immer Erbsensuppe essen. Das ist eine echte Sahneschnitte. Appetit holen darf man sich, gegessen wird zu Hause."

Darauf will ich inzwischen antworten: Geschmacksache! Mancher zieht die Erbsensuppe auf Lebenszeit dem Steak vor. Und wenn ein Mensch sich entschlossen hat, etwas „Besseres" oder woanders zu essen, hat er ein Problem mit seiner eigenen Unersättlichkeit und nicht der oder die Verschmähte. Außerdem mundet nicht immer am besten, was zunächst einladend ausschaut.

Der Kostverächter *muss* jetzt selbst schauen, wie er das neue „Gericht“ verdaut bekommt. Einen Reisenden kann man nicht aufhalten, und ist einer der Partner bereits in die Position gerutscht, ständig wie ein Wachhund auf den Gefährten aufpassen zu *müssen*, damit nichts schiefläuft, gibt es auch schon nichts mehr, wofür es sich lohnt, wachsam zu sein.

Ich denke dabei an eine Reihe ehemaliger Bekannte, die irgendwann nach herben Enttäuschungen damit begannen, ihre kontaktfreudigen Lebensgefährten an Festen wie Karneval oder Kirchweih aus dem Verkehr zu ziehen. Mit süßem Gesäusel überredeten die Gehörnten sie zu einem Urlaub, und das nur, damit ihre Kontaktfreudigen nicht von fremdem Fleisch im Faschingsgewand eines Piraten oder eines zart schnurrenden Kätzchens in Versuchung geführt wurden. Niemand von ihnen ist heute noch ein Paar. Die Prophylaxe hatte kläglich versagt, weil die Hungrigen doch immer wieder eine Lücke zum Entwischen fanden.

Ein Mann machte mir einmal zum Vorwurf, ich hätte nicht ernsthaft um ihn gekämpft, und darum habe er sich schließlich einer anderen Frau zugewandt. Bei aller LIEBE! Ich kann Seite an Seite mit jemandem kämpfen, wenn er erkrankt oder Probleme hat, doch um jemanden kämpfen bedeutet, ihn zu *überreden*, an meiner Seite zu verweilen.

Mir scheinen viele Worte, die mit „über“ und „unter“, beginnen, mit enormer Anstrengung behaftet. Überwinden, überzeugen, übersehen, überfahren, überqueren und natürlich das Überreden. Untergraben, unterstellen, unterwürfig. Ein unterhaltsames Drunter und Drüber.

Hast du schon einmal einen Menschen gegen seinen eigentlichen Willen überredet, dir zuliebe etwas zu tun, dann weißt du wie anstrengend sich die anschließende Beobachtung gestaltet. Dieser Mensch *muss* ja nicht nur etwas mit dir oder für dich tun, sondern auch noch ein erfreutes Gesicht dabei aufsetzen. Es ist nur gespielt! Auf alles, was nicht freiwillig aus dem Inneren kommt, sollten wir lieber verzichten.

Der Spruch: „Willst du was gelten, mache dich selten“, ist in Krisensituationen nicht der übelste Ratschlag, denn nur wenn jemand weg ist, kann er auch vermisst werden.

Sicher machen wir einem Weggefährten klar, wie bedeutsam er ist und dass sein *Verlassen* uns verletzt. Doch die Würde dürfen wir dabei behalten. Wenn dieser Mensch nach seinem Abwenden keine Sehnsucht verspürt, wird auch die schönste Rede und der erotischste Sex ihn nicht dazu bringen, den Rest des Lebens an unserer Seite zu verweilen. Er *muss* weiterziehen.

Im Übrigen wird manipulativer Sex besonders von Frauen absolut überbewertet. Ein kurzer schöner Moment, der bald in Vergessenheit gerät.

Wir sind ziemlich ähnlich gebaut. Menschen eben. Alles sitzt, anatomisch gesehen, an der fast gleichen Stelle, und es sollte sich besser niemand einbilden, er beherrsche irgendeinen sexuellen Stunt, der es ihm ermöglicht, einen Partner auf ewig an sich zu binden.

Meist fädeln Eindringlinge sich äußerst geschickt in das

noch bestehende Paradies ein. Der/die Partner/in lernt einen Menschen kennen und gerät ins Schwärmen. Die Person ergänzt genau das, was fehlt. Es ist verdammt schwer, sich als vernachlässigte Person neutral zu verhalten.

Darf ein Mensch in „festen“ Händen eigentlich keine neuen, interessanten Bekanntschaften mehr machen? Zu gerne hätten wir es, wenn die Begleitung nur Augen für unsere Erscheinung hätte, statt hier und da mal einen Blick auf vorbeirauschende Verlockungen zu werfen.

Gemeinsam mit einem Freund fand ich vor Jahren eine gute Regelung für das Dilemma „Eindringling“. Wir hatten die Idee, wenn einer von beiden einen besonderen Menschen, egal, welchen Geschlechts, traf, diesen dem Partner, da ja so wertvoll, auf jeden Fall nicht vorzuenthalten. So wurde das Individuum in die Beziehung eingeführt. Allerdings erforderte dieser Plan eine gehörige Portion Vertrauen und Ehrlichkeit. Anders würde man vermutlich nie erfahren, was aus dieser Bekanntschaft geworden wäre. Was wäre, wenn…?

Eine Vermeidung des Zusammentreffens gäbe allerdings neue Rätsel auf. Wie viel Gelegenheit macht Diebe?

Vorsicht ist geboten, wenn die Verbindung sowieso schon einen Knacks hat. Schnell tritt der Besuch, nicht ganz zu Unrecht, als Giftmischer auf. Doch meistens kann man(n) sich bequem zurücklehnen und abwarten, bis die/der Liebste erste Fehler und Unstimmigkeiten am Neuen entdeckt. Vielleicht sehen wir längst, dass da jemand versucht, „unseren“ Menschen mit Leckereien in eine Falle zu locken und die Erwartungen nur enttäuscht werden können. Tiere kostet das Hineintappen ihr Leben, Menschen hingegen ein Stückchen Freiheit oder den Verlust einer nicht mehr wiederzubringenden Liebe.

Mit Widerstand schaffen wir einem Widersacher idealisierenden Bestand, und um dieses zuzulassen, ist ein intaktes Nervenkostüm nötig. Schließlich ist die Reviersicherheit gefährdet. Aber was bleibt uns anderes übrig?

Als Verlassene sind wir nicht hässlicher, unintelligenter oder langweiliger als die Neuerrungenschaft.

„Was hat er/sie, was ich nicht habe?“ Diese Frage lässt Verschmähte nicht zur Ruhe kommen. NICHTS! Du bist unschuldig, *musstest* nicht mehr tun, als du selbst zu sein!

Nichts Besseres oder Außergewöhnlicheres haben Störenfriede vorzuweisen, außer die Voraussetzung, den Partner in Situationen zu bringen, die ihn um entwicklungsnotwendige Kenntnisse reicher machen, ohne Wertung, ob Gut oder Schlecht; Lektionen, die allen Beteiligten sonst nicht erteilt würden.

Dachten wir, den Partner in und auswendig zu kennen? In Wirklichkeit zeigte er nur die Seiten, die gerade unser Naturell ihm entlockte. Daher sind wir umso erstaunter, wenn eine überraschende Unternehmungslust der Ex-Partner ans Licht kommt. Der Sportmuffel zum Skilaufen in die Berge reist und die Luxusverwöhnte plötzlich Camping mit dem Neuen gigantisch findet. Reform inspiriert.

Nach überwundenem Schmerz wird man das Phänomen dieser Entwicklungen verstehen und sogar belächeln können. Auf einmal erscheint das Monster Ex-Partner nicht mehr schlecht oder gar bösartig.

Mir sind bisher keine Menschen begegnet, die ihre Partner aus Boshaftigkeit verlassen haben. Aus Dummheit ja, aus Unerfahrenheit auch, in erster Linie aber, weil sie es einfach nicht besser wussten.

In den Irrlichtern der Einsamkeit gibt die Seele nicht eher Ruhe, bis endlich wieder ein Mensch das Leben mit ihr teilen mag und schlüpft bereitwillig in den bevorstehenden Alltag, die Pantoffeln des Glücks.

Ehe man sich versieht, erscheint das Leben mitsamt den „Lichtgestalten" auf der anderen Straßenseite abermals verblendend, lockender. Suchende *müssen* zur Herstellung der inneren Balance weiterziehen, bis sie verstanden haben, dass ihre Sehnsucht niemals im Außen gestillt werden kann.

Wird der Mensch verlassen, bricht eine Welt zusammen. Unter ihm tut sich ein schwarzer Abgrund auf, und der Sturz ist ungebremst!

Einsam, verraten, ungeliebt und ohne Schutz stehen wir da. Zumindest glauben wir eine Weile an diese Version.

Am Morgen nach einer nächtlichen schamanischen Zeremonie gab sich eine alleinstehende Dame mittleren Alters besonders traurig und eifersüchtig auf die Pärchen, die sich diese eindrucksvolle Nacht teilen durften. Nachdem ihre Tränen getrocknet waren, fragte der peruanische Heiler:

„Hast du keinen lieben Menschen, kein Tier als Begleiter? Warum hast du nicht einmal einen Hund? Wenn es am Geld mangelt, kauf dir einen kleinen Hund, der braucht nicht viel, oder einen Vogel. Du *musst* nicht einsam sein."

Mit versteinertem Blick antwortete die Frau: „Nein, ich habe niemanden. Das kommt auch gar nicht in Frage. Ich bin zu verletzt und *muss* mich um mich selbst kümmern!“

Der Mann schlug sich auf die Schenkel: „Haah! Dann wundere dich nicht, dass du dich einsam fühlst. Das ist der Fehler, den die Menschen immer wieder machen. Sie verlieben sich und werfen der Eroberung ihr ganzes Herz vor die Füße. Werden sie dann verlassen, kommen sie mit sich selbst nicht mehr zurecht. Achtet darauf, dass ihr immer einen kleinen Raum in eurem Herzen für euch behaltet. Einen Platz, der nur mit euch zu tun hat, an dem ihr euch um euch selbst kümmert, dann seid ihr nicht einsam!“

Leider können sich einige Haushalte aus wirtschaftlichen Gründen nicht einmal mehr ein kleines Haustier halten. Doch wir verstanden den symbolischen Hintergrund seiner Botschaft.

Die Einsame hingegen hoffte wohl eher auf eindrucksvollere Wundertaten des Mannes als auf gute Ratschläge. Ihr war entgangen, dass auch ein Schamane nur helfen kann, wenn die Seele des Erkrankten dafür bereit ist. „Ist der Schüler bereit, zeigt sich der Meister“, lautet ein asiatisches Sprichwort.

Schnell sind wir dabei, einem entflohenen Partner die Schuld für seelisches Leid zu geben. Ja, es tut weh, zurückgestoßen, aus dem vertrauten Nest geschubst zu werden, doch wir haben den Menschen die Tür zu unserem Herzen geöffnet und versäumt, es zu schützen. Wenigen wurde beigebracht, herzlich mit sich selbst zu sein, sich seelisch selbst zu versorgen. Darum geraten wir in Herzensangelegenheiten immer wieder in Abhängigkeit und sind nicht mehr Herr unseres eigenen Herzens.

Wehrt sich der Mensch eisern gegen Veränderung, kann auch der mächtigste Heiler, der beste Arzt oder der geschickteste Psychologe nichts für ihn tun. Wenn wir uns nicht bewegen, bewegt uns das Leben!

☆☆☆

Fragen an deine Selbstheilungskräfte

- In welcher Form hast du deine Partner im Streit verletzt?
- In welchem Zeitraum erholten sich diese Menschen anschließend von deinen Hieben?
- Wie erleichtert warst du, als sie dir dein Verhalten verziehen hatten?
- Wem gabst du bisher die Schuld für das Scheitern deiner Verbindungen?
- Welche Entwicklungen und Erfahrungen sammelten beide Parteien in der Zeit nach der Trennung?
- Wie sehr haben sich Trennungen bisher für dich gelohnt?
- Wie viel besser geht es dir und den Verflossenen inzwischen?
- Wodurch unterscheidet sich deine neue Beziehung von den ehemaligen Beziehungen?

- Wie sehr und wodurch pflegst du den Glauben, nicht gut genug für einen Menschen (eine Tätigkeit) zu sein?
- Wer ist in diesem Punkt mit dir einer Meinung, und woher bezieht die Person dieses Wissen?
- Wann fühlst du dich auch in einer intakten Beziehung einsam?
- Wer oder was könnte als Erstes gegen dieses Gefühl hilfreich sein?
- Mit welchen Mitteln hast du bisher um Partner gekämpft?
- Wie erfolgreich war dein Bemühen, und wie lange sorgten deine Anstrengungen für den Bestand des Friedens?
- Was könntest du in Zukunft für dich selbst tun, um nicht immer wieder tief verletzt zu werden?
- Wie viel Platz räumst du in deinem Herzen für eigene Belange ein?
- Wie erfreutest du deine Seele damals als Kind, wenn du das Gefühl hattest, allein zu sein?
- Über welche Möglichkeiten zu handeln verfügst du heutzutage noch zusätzlich?

☆☆☆

Mit einem Gefühl der Dankbarkeit erinnere ich mich an alte Verbindungen und lass sie los. Ich segne meine Zukunft mit allem, was kommt.

Die Suche nach dem verlorenen Selbst

Es war einmal eine Zeit, in der du und ich mutig die Welt beäugten. Den meisten von uns war die Liebe der Eltern oder Großeltern sicher. Wir schauten mit unschuldigen Kulleraugen in die Gesichter der Menschen und begeisterten mit kindlicher Unbedarftheit und selbstverständlicher Anwesenheit.

An dieser Stelle ist mir wichtig zu erwähnen, dass es Menschen gibt, die schon unmittelbar nach ihren ersten Atemzügen die Hölle auf Erden erfahren *mussten* und durch vertraute Hand zu Tode kamen und noch immer kommen. Unter Gewalteinfluss bricht die Loyalität zu den Erziehungsberechtigten erst das Schweigen, wenn es fast zu spät ist. Ich selbst bin immer wieder erstaunt, wie Bekannte sich Jahrzehnte später über das Leiden in ihrer Kindheit äußern. Als Heranwachsende hätten sie es nie gewagt, die versteckten Wahrheiten ans Licht zu lassen.

Zahlreiche Ereignisse sind aus Sicht des Erwachsenen einfacher zu verstehen, viele Verletzungen werden wir leider nur schwer los, doch es bringt dem Inneren keine Heilung, den Rest der Zeit Groll auf die Vergangenheit zu hegen. Aussagen wie: „In meiner Kindheit (Beziehungen) war alles super, und es gab überhaupt keine Vorfälle. Und wenn, hatte ich es auch verdient“, oder „Meine Kindheit (Beziehungen) war nur die Hölle!“, sollten etwas genauer unter die Lupe genommen werden. War das wirklich bis ins letzte Detail so, und gab es nie auch nur einen schönen Augenblick mit dem Vater oder der Mutter? Schließlich hätten sie unzählige Möglichkeiten mehr gehabt, dir zu schaden. Aber du sitzt immer noch hier. Vielleicht magst du die vergangene Zeit noch einmal mit etwas mehr Milde, jedoch, ohne die Blessuren zu beschönigen, überdenken. Verdrängung sorgt genauso wenig für Klärung wie die Beweihräucherung vergangener Situationen.

Damals, in der rebellischen Jugendzeit, kritzelten wir an Mauern: WIR SIND DIE LEUTE, VOR DENEN UNS UNSERE ELTERN IMMER GEWARNT HABEN!

Um keinen Preis wollten wir so werden wie unsere Eltern. Bleibt der selbstkritische Mensch bei der Wahrheit, stellt er fest, dass er mit seinen alten Herrschaften mehr Ähnlichkeit teilt als ihm lieb ist, und wer Kinder großzieht, glaubt sicher manches Mal, durch seinen Mund spräche der Vater oder die Mutter. Nobody is perfect!

Misshandelte Menschen benötigen Schutz, aber auch ihre Peiniger bedürfen der Hilfe. Meistens wurden Täter in Kindertagen selbst zum Opfer der Willkür Erwachsener. Sicher keine gesellschaftsübergreifende Entschuldigung, aber der Ansatz einer plausiblen Erklärung! Ignorieren wir die Fährte, auf der sich die Gewaltbereitschaft entwickelt, werden wertvolle Chancen versäumt, Unrecht in Zukunft zu verhindern. Sobald Fehlerhaftes zur Aufklärung herangezogen wird, hat das Leid dieser Kinder in der Vergangenheit einen Sinn gemacht und vermag es, die Ungeborenen zu schützen. Wesentliche Bedürfnisse der Kinderzeit wurden trotz dramatischer Zwischenfälle befriedigt, ohne eine bewusste Gegenleistung zu verlangen. Wenige Regeln, keine Pflichten.

Das *muss* wohl eine vollkommene Narrenfreiheit gewesen sein. Heute verstehe ich den seufzenden Ausspruch der Alten zu spielenden Kindern: „Ihr habt es noch gut."

Und was oder wer stieß die Ausgelassenheit heraus aus dem Paradies? Wer legte die Messlatte, und wer konstruierte die Bedingungen? Wer brachte uns die erste Narbe bei?

Hat dieser Mensch sich nach seinem Einmischen abgewendet, oder begannen wir zu diesem Zeitpunkt mit dem Selbstverlassen, weil niemand uns vorlebte, auf welchem Weg der Seele selbst Nahrung zugeführt werden kann? Begaben wir uns nach dieser Verwundung zum ersten Mal auf die Suche nach treuerem Geleit, von dem wir erhofften, das Gefühl des Ausgestoßenseins im Inneren aufheben zu können?

Unser Bündel der Kindheit, mit all seinen Erfahrungen, wurde nicht per Zufall geschnürt, und das Leiden oder die empfundenen Ungerechtigkeiten sollen nicht vergebens bleiben! Gerade dann, wenn ich das Gefühl habe, in meiner Kindheit sei vieles falsch gelaufen und ich sei benachteiligt gewesen, stelle ich mir die Frage, was wohl aus mir geworden wäre, hätten meine Eltern keine „Fehler" gemacht und alle drum herum das kleine Mädchen permanent in Watte gepackt?

Eltern, sofern sie nicht selbst unter erheblichen Problemen und Störungen leiden, geben grundsätzlich ihr Bestes, doch dieses Beste erscheint aus Sicht des Kindes nicht gerade das Wohlwollenste gewesen zu sein.

Nun gut, rückwärts können wir die Geschichte nur schwer ändern. Darum nutzen wir doch die Gelegenheit, die weniger erfreulichen Vorkommnisse umzudeuten und sie in positive Energie zu transformieren. Schwierig erscheinende Punkte der Vergangenheit nenne ich gerne Manöver oder Trainingscamp für das, was noch kommen sollte. Eine Vorbereitung auf das Morgen. Sicher erinnerst du dich an Gleichaltrige, deren Leben in der Kindheit auf Schienen verlief. Ihre Eltern waren super drauf, verfügten über ausreichende finanzielle Mittel, die Sprösslinge trugen modische Kleidung und wurden obendrein von allen Lehrern hofiert. Jedenfalls schien es dir damals so. Und daneben du, mit all dem Durcheinander, dem Familienzwist und dem daraus resultierenden, ganz persönlichen Elend.

Später machte ich die Beobachtung, dass diese Kinder ganz erstaunt und eingeschüchtert waren, wenn es plötzlich etwas rauer im Leben zuging und das gewohnte Umfeld nicht helfend zur Seite stand, während mir die gleiche Situation nur ein Schulterzucken abverlangte, weil eben die ganz normale Härte eingetreten war. Dies soll keine Propaganda für rüpelhafte, mittelalterliche Erziehung werden, doch Heranwachsende von allem Unglück fernzuhalten, scheint mir ebenfalls Körperverletzung zu sein. Wegen mangelnder Robustheit schaffen sie es nicht, schwierige Situationen mit Leichtigkeit zu bewältigen.

Trotzdem bleiben Schmerzen, gleich, ob seelischer oder körperlicher Natur, Zeugen der Kindheit, und wahrhaftig genug, um nicht missachtet oder heruntergespielt zu werden.

Es erfordert Mut, die Zeitreise tief in die Vergangenheit anzutreten, und es erscheint manchmal schmerzhaft unmöglich, in das Archiv der eigenen Seele zu schauen.

Meine Reise dauerte dreißig Jahre, bevor ich endlich bereit war, Erinnerungen ans Tageslicht zu befördern.

Bereits beim Antreten dieser Odyssee beginnt ein wunderbarer Prozess, wir reifen zum Archäologen der eigenen Vergangenheit. Die Ausgrabungen gehen selten ohne Tränen vonstatten. Umso überwältigender ist die Befreiung nach der Bergung des alten Unrats.

Ich bin kein Freund von wiederholtem Kramen in der Vergangenheit und Kultivieren von altem Elend, ebenso teile ich die Meinung einiger weiser Menschen, das Beste an der Vergangenheit sei, dass sie vorüber ist. Aber hier erscheinen mir die Ursache von Verletzungen und das Wiederkäuen alter Muster gerade verschüttet zu liegen. Und anscheinend haben wir sie immer noch nicht losgelassen, sonst hätten sie bereits die Macht verloren, immer wieder für Schwierigkeiten zu sorgen.

Einmal noch wärmen wir die Vergangenheit behutsam auf wie eine gute Suppe, um sie dann endgültig ordentlich zu verdauen und das, was überflüssig ist, auszuscheiden. Das ist das ganz persönliche, notwendige: „ICH *MUSS* MAL!"

Zurück bleiben ein wohliges, vertrautes Gefühl und das Wissen, dass vergangenes Leiden nicht vergebens war, sondern der Zukunft Dünger liefert und stärker macht für alles, was da kommen mag.

Einige meiner Klienten behaupten felsenfest, sie würden sich an gar nichts ihrer frühen Kindheit erinnern, und das glaube ich ihnen sogar. Keineswegs hat dieses spärliche Erinnerungsvermögen etwas mit mangelnder Intelligenz zu tun, vielmehr mit einem perfekten Schutzmechanismus der Seele. Sie wird zum passenden Zeitpunkt freigeben, was zur Weiterentwicklung führt, so, wie passende Partner oder Lebensumstände katalysatorengleich ins zukünftige Leben treten.

Große Sprünge in verblichene Erinnerungen sind mithilfe von Fotos möglich, die Personen zeigen, mit denen wir in der Kindheit Umgang hatten, aber auch Bilder, auf denen wir selbst als kleine Menschen zu sehen sind. Du glaubst kaum, was dir beim Betrachten deines Selbst plötzlich alles in den Sinn kommt. Sogar Gefühle von damals machen sich wieder bemerkbar, fast, als wärst du in der Zeit zurückgereist.

Hast du dich je liebevoll auf einem Foto angeschaut?

Hier und da ist es notwendig, den Geist durch Provozierung zum heilsamen Umdenken zu bewegen. Allzu selbstkritische Kunden, die permanent an ihrem Aussehen herummäkeln und keinen Frieden mit ihrem Körper schließen können, fordere ich schon einmal frech zu einem Besuch in einer Kinderkrebsklinik auf. Werden sie dort wohl jemanden finden, dem sie ihre Makel vortragen können? Schamgefühl steigt in mir hoch, wenn ich solche Mittel anwende, in meinem Gegenüber ebenfalls. Und der Streich zeigt für eine ganze Weile Wirksamkeit.

Ebenso nährend: Ein Nachmittag im Kreis behinderter Menschen. Mich erstaunt immer neu, wie erfrischend selbstverständlich und tapfer sie mit ihren Gebrechen umgehen.

Vertrauen und Reviersicherheit sollten allen Menschen im Zuspruch und durch Herzlichkeiten im Laufe der Kindheit vermittelt werden. Zum Glück hast du jetzt die Gelegenheit, dich selbst mit seelischen Leckereien zu versorgen.

Liebe deinen Nächsten wie dich selbst, steht in der Bibel geschrieben. Sie ist kein dummes Buch und erhält selbst für „Ungläubige“ lehrreiches wie nährendes Material. Der oder das Nächste kann ein Mensch, ein Tier oder eine Pflanze sein. Der Nächste, das sind alle Lebewesen. Behandelst du den Nächsten (den Partner) manchmal zuvorkommender als dich selbst und vergisst deine Bedürfnisse dabei? Wie sehr liebst du dich wirklich? So lange wir gesund sind und alles gut läuft, sind so viele Dinge selbstverständlich, bleiben ungedankt und unbeachtet. Stimmt der alte Volksspruch noch immer?

Wenn es dem Esel zu wohl wird, geht er aufs Eis.

Kommen wir immer dann auf seltsame Ideen, wenn das Wohlergehen undankbar, unachtsam werden lässt? Vergessen wir dann das Wesentliche?

Ein Mann, der seit vielen Jahrzehnten seinem Körper alle Kräfte abverlangte, doch irgendwie nie zu seelischer Ausgeglichenheit gelangte, fragte mich einmal, wie ich es schaffen würde, meistens einen fröhlichen Eindruck auf meine Kundschaft zu machen. Natürlich verlangt ein Dienstleistungsgewerbe Freundlichkeit, und die Leute würden nicht über einen längeren Zeitraum auf nach unten gezogene Mundwinkel schauen wollen. Ich versicherte dem Neugierigen, dass ich auch schwarze Tage kenne, an denen mir anscheinend nichts gelingen mag und eine Stimmung in mir gärt, für die ich keinen Namen zu finden vermag. Eines versuche ich dabei aber nie zu vergessen:

Nichts im Leben ist selbstverständlich!

Wenn ich in der Nacht mal zur Toilette *muss* und manchmal der Mond ins Zimmer scheint, denke ich: „Danke. Es ist keineswegs selbstverständlich, auf eigenen Füßen zur Toilette zu tippeln. Genau in diesem Augenblick *müssen* eine Menge Menschen für diese, eigentlich selbstverständliche Sache jemanden zu Hilfe rufen."

Der Fragende wollte mir nicht so recht Glauben schenken, dass demütige Gedanken eine sportliche Frau in den Vierzigern während dieses nächtlichen Bedürfnisses zu achtsamerem Leben anhalten.

Vor einiger Zeit brachte es ein schwer kranker Freund mit einem Satz auf den Punkt: „Du glaubst nicht, was ich alles dafür geben würde, mal schnell alleine pinkeln gehen zu können."

Die einfachsten Abläufe reifen in einschränkenden Situationen zum Maß aller Dinge. Wir sollten nie vergessen, dass das, was wir gerade in diesem Augenblick tun, das Beste des Tages gewesen sein könnte, und schon wird es mit etwas mehr Andacht erledigt. Nicht um pessimistisch in die Zukunft zu schauen, nur etwas bedachter. Wir sind verwundbar, alles haben wir nicht in der Hand, und das *müssen* wir auch gar nicht.

An einem Samstagabend trank ich gemütlich einige Gläser Bier mit jemandem, der bereits dreimal während schwerer Operationen wiederbelebt werden *musste*. Der übermütige Kerl erzählte mir die Geschichte der Nahtoderlebnisse und von seiner Art, mit Wünschen und Veränderungen umzugehen. Er hatte durch dieses Schicksal gelernt, sich nicht mehr zu sehr zurückzunehmen, nur um seiner Partnerin oder dem beruflichen Umfeld zu gefallen.

Natürlich verfiel ich durch seine Worte ins Grübeln über die Dinge, die ich immer wieder verschob, weil der Berufsalltag seinen Tribut forderte oder ich den Missmut Angehöriger nicht auf mich ziehen wollte. So sprach ich von meinen Plänen, die ich, ohne Zeit zu verlieren, in die Tat umsetzen würde, wenn mir ein Arzt mitteilte, meine Tage wären gezählt.

„Ich würde mir sofort ein Nashorn tätowieren lassen, da ich mich mit diesem Urgestein sehr verbunden fühle. Außerdem ist es mein großer Wunsch, einen kleinen Jungen in der Mongolei zu besuchen. Wenn die finanziellen Mittel es erlaubten, würde ich mir schnell noch eine Harley Davidson beschaffen."

Die Augen meines Gegenüber sprühten vor Lebensfreude, und der Mann meinte: „Und warum, Tatiana, erst dann? Warum setzt du nicht wenigstens einen kleinen Teil davon jetzt schon um?"

Wenn das Wörtchen **wenn** nicht wäre!

Ähnlich verlief ein Gespräch mit einer Freundin, die vor vielen Jahren zuließ, dass ihre wertvolle Lebenszeit durch das Einmischen eines Mannes regelrecht versauerte und deren seelischen Verfall ich nur schwer tatenlos mit ansehen konnte. Eines Tages vermutete ich, sie alleine mit härtesten Worten wachrütteln zu können und hakte energisch nach, was sie in dieser Beziehungssache unternehmen würde, wenn es sicher wäre, dass sie in vier Wochen sterben *müsste*.

Wie aus der Pistole geschossen kam die Antwort: „Ganz sicher würde ich mir den Scheiß mit diesem Idioten nicht reinziehen!"

Wir lachten über die Idee, dem Typen kurzerhand den Laufpass zu geben, und ich bemerkte: „So, und woher weißt du genau, dass dein Leben nicht tatsächlich bald endet?"

Zu oft tun wir Dinge, lassen Menschen zu lange in unser Leben eindringen, die uns nicht guttun. Das ist, als würden wir ständig schimmeliges Brot essen, obwohl wir wissen, wie der Körper reagiert.

Regelrechte Fotoaltare oder Wände werden mit Bildnissen von nahe stehenden oder verehrten Menschen und geliebten Tieren bestückt, lange bevor sie verstorben sind. Da wird nicht erst bis zum Nachruf gewartet.

Eine kleine Ecke steht dir ab jetzt selbst zu, um dich zu feiern, weil du wunderbar und einzigartig bist. Stell eine kleine Kerze auf den eigenen Altar neben dein Bild und schau dich endlich selbst liebevoll an. Du hast es verdient! Ernähre deine Seele selbst! Schenke dir Blumen, zu Lebzeiten!

☆☆☆

Fragen an das verlorene Selbst

- Wie würdest du deine Kindheit in drei Sätzen beschreiben?
- Wie viel Ähnlichkeit weist du zu deinen Eltern auf?
- Welche unverheilten, alten Wunden der Kindheit spürst du noch immer in deinem Inneren?
- Wann wurdest du das erste Mal im Leben von einem Menschen verwundet?
- Wie macht sich das Verlassenheitsgefühl jetzt bemerkbar, und wann reagierst du nach Verletzungen heute noch ähnlich?
- Welches Lebewesen schaffte es bisher, dich von dem Schmerz dauerhaft zu befreien?
- Was geschah mit dir, als der Mensch dazu nicht mehr bereit/in der Lage war?
- Was haben deine Eltern in deiner Erziehung gut gemacht, und was hat dich verletzt?
- Wie wäre dein Leben verlaufen, wenn Erziehungsberechtigte pädagogisch genau gegensätzlich gehandelt hätten?
- Was kannst du an deiner Vergangenheit jetzt ändern?
- Was bringt es dir ein, gedanklich weiter in der längst vergangenen Zeit zu leben?
- Wie sehr liebst du dich selbst, und wie zeigst du deinem Körper, deiner Seele, diese Zuneigung deutlich?
- Wie selbstverständlich nimmst du das wundervolle Funktionieren deines Körpers hin?

Ja, ich möchte gerne weiter informiert werden.

Bitte senden Sie mir -

Ihr Verlagsverzeichnis ☐

Seminartermine ☐

Diese Karte entnahm ich dem Buch ....

Ich fand das Buch inhaltlich ....

....

und die Gestaltung ....

Würden Sie dieses Buch weiterempfehlen? ....

Vielen Dank!

info@smaragd-verlag.de - www.smaragd-verlag.de

Absender

Name, Vorname

Straße, Hausnummer

Land, PLZ, Ort

Telefon, Fax

eMail

(Bitte in Druckbuchstaben schreiben!)

Bitte
freimachen

Smaragd Verlag

In der Steubach 1

D-57614 Woldert

- Welche Wünsche schiebst du schon lange unerfüllt vor dir her?
- Woher weißt du so genau, wie viel Zeit dir noch zum Leben bleibt?
- Was würdest du tun, wenn du genau wüsstest, dass deine Tage bald gezählt sind?
- Falls du keine Erinnerungsfotos aus alter Zeit mehr hast, wer könnte dir dazu verhelfen?
- Wie könntest du einen entspannten Rahmen schaffen, um sie dir in Ruhe anzuschauen und auf dich wirken zu lassen?
- Wer könnte daran interessiert sein, versteckte Wahrheiten deiner Kindheit zu vertuschen?
- Was kommt dir als Erstes in den Sinn, wenn du in dein Kindergesicht auf dem Foto/Film schaust?
- Was empfindest du für dieses Wesen, das dich dort anschaut, und warum fühlst du so?
- Was könnte dich daran hindern, dieses Kind auf dem Foto zu lieben, wenn es dir heute begegnen würde?
- Wie würdest du dem Wesen deine Liebe zeigen?

Und dann tue es! JETZT!

☆☆☆

Ich weiß, was ich wert bin.
Heute beschenke ich mich liebevoll selbst.

Seelische Abhängigkeit

Verschmähte Liebe brachte schon viel Unglück und Tod über die Menschheit. Zerstörerische Kriege wurden im Namen der Liebe und des „wahren“ Glaubens angezettelt, nur um „Herr“ einer bestimmten Person zu werden.

Vielleicht fand die verletzte Seele für einen kurzen Augenblick der Vergeltung Ruhe und Genugtuung, doch was bleibt an echten Resultaten? Im schlimmsten Fall sind Leben zerstört und ein harmonisches Dasein ist nicht mehr möglich.

Inzwischen ist es eine echte Herausforderung geworden, traurigen, hoffnungslosen Menschen ihr zukünftiges Leben so schmackhaft zu machen, dass sie es trotz ihres Schmerzes willkommen heißen können. Der Verstand versteht den eingetretenen Verlust, aber die verwirrten Gefühle wollen die Tatsache des Scheiterns noch nicht wahrhaben. Trauerzeit ist wichtig, das Leben ist allerdings zu kurz, um sich lange zu grämen. Außerdem sollten wir weniger um die verlorene Beziehung trauern als darum, dass wir uns selbst verlassen haben, wodurch eine tiefe Fremdverletzung überhaupt erst möglich wurde.

Nach vollzogener Trennung durch den Ehemann stürzte eine alte Freundin in ein so tiefes Loch, dass sie Hals über Kopf ihr Haus und ihren Garten veräußerte, wo sie gemeinsam lange Jahre glücklich gelebt hatten. Obwohl er ihr absolute finanzielle Freiheit zusicherte, entscheid sie sich zur Aufgabe ihres einstigen Traums.

Mit seinem Fortgehen war auch das Schicksal des wundervollen Rosengartens besiegelt. Liebte sie die Rosen, oder das Lob, das sie von ihrem Mann für die Pflege geerntet hatte? Beim Betrachteten der Blumen, dachte sie immer nur an ihn. War der Rosengarten überhaupt je ihre eigene Entscheidung gewesen?

Selbstaufgabe ist ein akutes Thema, sonst kämen wir nicht zum wiederholten Mal in verletzende Situationen.

Mit unserer Vollkasko-Mentalität haben wir irgendwann begonnen, die Existenz, das gesamte seelische Hab und Gut, in die Hände eines einzigen Menschen zu legen. Sobald dies geschehen ist, hat er die Macht, den Stecker herauszuziehen, wann immer er es möchte.

Sicher gab es auch in deinem Leben Mitspieler, denen du glaubtest und mehr vertrautest als dir selbst.

All inclusive verlangen wir, volle Einsatzbereitschaft in einer Liebesbeziehung. Das kann zur untragbaren Last für den Partner werden. Niemand schafft es, dieses Pensum dauerhaft zu erfüllen.

Im Gepäck die Sehnsucht nach der allmächtigen Liebe, gehen Menschen automatisch früher oder später auf die Suche nach dem ergänzenden Gegenüber. Dabei übertragen wir unerfüllte Wünsche nach Liebe und Zuneigung aus der Kindheit wie selbstverständlich auf die zukünftigen Partner.

Fast jedes junge Mädchen träumt davon, einmal ganz in Weiß neben ihrem Prinzen vor dem Altar zu stehen und ewige Liebe zu schwören. Einmal nur Prinzessin sein. Männer hingegen suchen nach dem einen, vom Schicksal bestimmten Mädchen, dass sie retten und beschützen dürfen, oder die Prinzessin, die den armen Bauernjungen ehelicht und zu etwas Besonderem macht, ihn in Wohlstand und Verehrung hebt.

Immer wenn eine neue Bekanntschaft sich anbahnt, wird die eigene, alte Geschichte wieder aktuell. Plötzlich ist da jemand, den die Biographie interessiert, als wären unsere Erzählungen die heißesten Nachrichten des Tages. Gleichzeitig überarbeiten wir dabei alte Verletzungen und fröhliche Ereignisse wieder. Entwicklungshilfe auf verliebtem Niveau. Das Schweben gelingt so lange, bis auch dieser Mensch glaubt, uns zu kennen. Irgendwann wird unsere Person genauso wenig neu sein wie für die Partner aus der Vergangenheit. Um interessant zu bleiben, *müssen* und wollen wir einiges auf die Schultern nehmen, das nichts mit ureigenen Bedürfnissen gemein hat, sondern selbst schädigende Auswirkungen entwickelt. Stattdessen *müssen* wir endlich verstehen, dass auch in einer neuen Liebelei nur mit Wasser gekocht wird und nicht länger voneinander erwarten, mit allem versorgt zu werden, was wir dem Selbst nicht zu geben gelernt haben.

Das 21. Jahrhundert demonstriert das Spiel der einsamen Herzen, in den Medien etwas fortschrittlicher als vorhin beschrieben. Das moderne Märchen nennt sich Doku-Soap. In den nie enden wollenden Serien gieren verzweifelte Seelen nach dem passenden Deckel. Jede Staffel bricht Herzen und schafft es im Eiltempo, den Schaden zu beseitigen, allein durch das Auftreten des Helden oder der Heldin. Der Liebesquark lässt Tausende für einen Augenblick von der unerschütterlichen Zweisamkeit träumen.

Als Teenager möchte man einfach dazu gehören, und ich erinnere mich an die Attraktion, als das erste Mädchen einen festen Freund hatte und die anderen erst nach und nach Händchen haltend auf dem Schulhof standen. Alle, die erst später in den Genuss der andersgeschlechtlichen „Fürsorglichkeit" kamen, fühlten sich übrig geblieben, galten als Mauerblümchen. Das ist heute leider nicht anders. Es *musste* schnellstmöglich etwas passieren. Bereits damals, in den Achtzigerjahren, hatten das passende Outfit und das ordentlich platzierte Make-up dramatische Auswirkungen auf den partnerschaftlichen Erfolg, und lapidare Kommentare genügten, um das Selbstbewusstsein zu schwächen oder künstlich aufzupolieren. Immerhin, eine erst in der Pubertät ausgelöste Hysterie. Leider sieht man in der Gegenwart Kinder, die schon im Grundschulalter ihr Äußeres künstlich verändern. Warum sagt ihnen niemand, dass sie schön genug sind, wie sie geschaffen wurden, und schützt das unreife Ego vor den Massenimpfungen der Konzerne?

Auch früheren Generationen wurde das Spiegeln im Außen beizeiten beigebracht, durch Fernsehen und Zeitschriften ein Bild vermittelt, wie es die Natur im Ansatz nicht zustande bringt. Der Mensch macht bereitwillig mit, um im Quartett der Eitelkeiten bestehen zu können. Schönheitsoperationen waren zum Glück nicht an der Tagesordnung, und kosmetische Tunings, wie lippenaufplusternde Cremes oder Botoxspritzen, hatten ebenfalls noch keinen Einzug bei den „Normalsterblichen" gehalten. Das

Lachen und Stirnrunzeln war noch nicht vergangen, die Gesichter unverzerrt, dafür das Selbstbild.

Ich selbst fühlte mich immer fetter als meine Freundinnen, und hässlicher („Das hässliche Entlein"; Märchen der Gebrüder Grimm) sowieso. Mein Vater war strikt dagegen, dass ich mit fünfzehn Jahren „angemalt" zur Schule ging. Die anderen Mädchen hatten schon Dauerwelle und Kajalstift im Gepäck, und mein Vater meinte, sie sähen alle aus, als hätten sie Kohlen geschaufelt. Doch ich war der Überzeugung, ich könnte ohne Kohle unter den Augen niemandes Interesse wecken.

Zwanzig Jahre später, beim Besuch eines Klassentreffens, suchte ich verzweifelt das dicke, hässliche Entlein auf den inzwischen vergilbten Fotos, und war ganz erstaunt darüber, nicht viel anders auszusehen als die Kameradinnen auf den Bildern. Es gab Mitschüler/innen, die korpulent waren, doch deshalb erschienen sie mir nicht unansehnlicher. Meist ging ich jedoch mit mir selbst wesentlich härter ins Gericht als mit anderen.

Natürlich lechzt Jungvolk nach Anerkennung und Bewunderung des Umfelds. Nach all den Bemühungen trat irgendwann eine Person ins Leben, die *vorgab,* uns so zu mögen, wie wir sind. Wir waren verliebt!

Der Partner/die Partnerin berichtet, was er/sie schön an uns findet. Details, die wir selbst vielleicht noch nie beachtet haben, werden durch die Augen des Gegenübers plötzlich wichtig und wertvoll. Möge die Komplimentenkette niemals mehr abreißen.

Ein einziger Mensch, der etwas bedeutet, äußert sich positiv über unsere Person, katapultiert das Ego in den Himmel. Damit *muss* er/sie immer weiter fortfahren. Würde er nur ein negatives Wort äußern, stöße das Gesagte in die Hölle hinab, und es bewirkten die anderen, auch noch so wohlwollenden Milliarden Meinungen nichts.

DAS IST DUMM!

Es besteht eine reale Chance, unter diesem „Rest“ noch Anwärter zu finden, die es gut mit uns meinen. An erster Stelle sollten wir diese Person selbst sein!

Hast du dich schon einmal selbst umarmt? Es wird dich zumindest zum Lachen bringen, und wenn du mutig genug bist, es offen zu zeigen, andere Menschen gleich mit.

Dazu verschränke ich die Arme vor meiner Brust, lege eine Hand auf die gegenüberliegende Schulter, und die andere führe ich, so weit es geht, an den Rücken. Dann drücke ich meinen Oberkörper herzlich, lächle dabei und mache vielleicht noch ein kindliches Geräusch der Anstrengung dazu. Drehe mich etwas um die eigene Achse, ganz so, als würde ich einen anderen Menschen liebevoll in den Arm nehmen. Das wärmende, geborgene Gefühl ist verblüffend!

Ein verliebtes Auge konzentriert sich in der Regel auf die positiven Merkmale, und das entliebte Auge erblickt, nein, es sucht akribisch Fehlerhaftes im Gegenüber. Nie sollten wir vergessen, dass Eigenschaften, die fremde Augen in uns sehen, nicht das Maß aller Dinge sind.

Es existieren Menschen, denen kann der Partner nicht fett genug sein, also beginnen sie, der labilen Seele einzureden, der Körper *müsse* mehr werden. Die Medien bezeichnen diese Menschen als Mäster.

Andere wiederum treiben das Herz an ihrer Seite dazu, Gewicht zu verlieren. Haben die Emsigen das Ziel aus „Liebe“ erreicht, lautet die nächste Botschaft: „Nun, Schatz, jetzt *musst* du nur noch ein wenig zur Straffung deines Bauches tun.“

Ziehen wir zur Begutachtung des eigenen Aussehens noch hundert Meinungen zu Rate, bekommen wir in der Tat weitere hundert Gutachten.

Laut prustete ich los, als ein Mann mir mitteilte, ich wäre eine tolle Frau, aber mein Hintern sei ihm einfach zu klein!

Muss ein Mensch darauf noch antworten? Männer und Frauen können das Selbst auch mit Gewalt zum Zirkuspferd machen *lassen*.

Glauben Paare allen Ernstes daran, dass Beisammensein auf Dauer besser funktioniert, weil die Haare blonder, der Bauch dünner, der Busen oder der Bizeps dicker werden? Lass dir die Märchengestalten zeigen, von denen behauptet wird, dass sie auf diesem Weg die perfekte Partnerschaft führen.

Gerne wird über die Nachbarin getratscht, wie unkenntlich sie ohne Schminke aussieht. Und warum malen wir uns selbst an? Jeder Mensch schaut in Naturgestalt anders aus, darum tun wir es ja. Hältst du es für möglich, mit deinen Freundinnen und Freunden ein Treffen zu organisieren, bei dem alle ungeschminkt, ungefönt oder ohne Haarstyling erscheinen? In alten Klamotten und einer vierwöchigen Sonnenbank-Abstinenz?

Es drängt sich die Frage auf: Warum ging das im Kindesalter? Wussten wir damals noch um die individuelle Schönheit von Geburt an? Sehnen wir uns nicht nach dieser Unbekümmertheit und Unbedarftheit zurück? Wo haben wir sie verloren? Mit unserem Konsumverhalten jedenfalls signalisieren wir den Kindern, dass ein Mensch, wie er geboren wurde, auf keinen Fall gut genug ist. Unzufriedenheit stellt uns gemeinsam unter die Knute des *Müssens.*

Zufriedenheit bedeutet gemäß Duden: Nichts anderes zu verlangen, als man hat, mit den gegebenen Verhältnissen oder Leistungen oder Ähnlichem einverstanden sein. Mit seinem Leben, den äußeren Umständen im Einklang, und dadurch ausgeglichen, innerlich heiter.

Zufrieden sein ist schon lange nicht mehr genug. Behauptet jemand ganz bescheiden, er sei doch so, wie es ist, zufrieden, rümpft die Gesellschaft ihre Nase und denkt, da habe doch nur wieder einer resigniert. Wir sind bereits auf Größer und Mehr programmiert.

Scheibchenweise wird die Zufriedenheit der Bevölkerung, fast unbemerkt demontiert! Zweifel werden systematisch, während während wir gleichzeitig mit Informationen gefüttert werden, durch unnütze Vergleiche geschürt und kultiviert. Ich glaube, dass dies mit purer Berechnung geschieht! Warum? Nun, nur auf diesem Weg lassen sich Menschen bereitwillig vor den Karren spannen, denn Zufriedenheit bringt keinen Umsatz! Was wäre, wenn alle Menschen in Zufriedenheit leben würden?

Selig mit ihrer Frau, ihrem Mann. Zufrieden mit ihrem alten Auto, glücklich schauen sie aus ihrem Haus, die Möbel genügen, das Handy funktioniert. Warum ein neues erwerben? Fältchen würden nicht stören, die Frisur ist in Ordnung und die Figur halt, wie sie ist, so, wie alle Lebewesen eben unterschiedlich schön sind. Die Klamotten sind noch in Ordnung, keine Löcher drin, und sie halten warm. Das Essen schmeckt, wie es seit Hunderten von Jahren den Ahnen bereits gemundet hat. Sie hatten ja die gleichen Mägen und Gaumen.

Eigentlich *müsste* in diesem Zustand alles in Ordnung sein. Was würde wohl passieren, wenn wir alle zufrieden wären?

Wohlplatzierte Werbeclips, zur Befriedigung der Gier Einzelner, rechnen sich! Es lohnt sich, Menschen gleichzuschalten, dafür zu sorgen, dass sie ihr Leben infrage stellen und damit beginnen, nach Statussymbolen zu suchen. Wir *sollen* nicht zufrieden sein, es werden Gelüste geweckt, die nicht das Geringste mit wesentlichen, lebensnotwendigen Bedürfnissen zu tun haben. Schließlich geht es um Geld und Macht. Manchmal frage ich mich, was zuerst beim Betrachten einer gut gemachten Werbung im Gehirn ausgelöst wird: die Emotionen oder die Illusion, mit dem Erwerb des Gezeigten ein wenig näher an die Perfektion heranzukommen?

Gerade erinnere ich mich an einen Herrenduft aus den Achtzigerjahren. Der Werbeclip übertraf sämtliche erotischen Vorstellungen. Dabei sah der Zuschauer bloß einen gestählten, braun gebrannten männlichen Oberkörper aus der Gischt wilder Wellen auftauchen, musikalisch begleitet von einer sexy Stimme und Bluesmusik. Tausende von Männern rochen über Monate nach diesem Wässerchen.

Es war besiegelt, was Frau ihm bei nächster Gelegenheit schenkte. Vielleicht haben die Beziehungen sich sogar für eine Weile durch die vom Duft geschaffene Illusion verwandelt.

Längst habe ich begriffen, dass wir nicht die ganze Welt ändern können, aber alle gemeinsam könnten wir sie um eine gute Portion verbessern und *müssten* etwas weniger für all den Plunder tun. Wenn wir nur zufriedener würden. Ein Gedankenspiel?

Alles hat zwei Seiten. Unzufriedenheit schafft Arbeitsplätze, kurbelt die Wirtschaft an, aber sie vernichtet auch menschenwürdige Arbeitsstätten und Existenzen, schafft kranke Mitarbeiter und kann in den finanziellen Ruin treiben. Nie gab es mehr psychisch angeschlagene Menschen als heute. Unzufriedenheit ist ein individualitätsfressender Nimmersatt.

Wirklich in uns selbst ruhen, das tun wir erst, wenn es scheißegal ist, wie ein Außenstehender die Erscheinung dokumentiert.

An diesem Punkt angelangt, kümmert es nicht länger, dass ein junges, schlankes Fräulein aufreizend an uns vorüberwackelt oder ein muskulöser Jüngling die Aufmerksamkeit der Damen sämtlicher Altersklassen auf sich zieht. Dann haben wir bis in die letzte Pore begriffen, wie vergänglich, oberflächlich diese Kennzeichen sind, und obendrein können wir dem anderen den vorläufigen Ruhm von ganzem Herzen gönnen, ohne dabei selbst ins Hintertreffen zu geraten. Das nenne ich echtes Selbstbewusstsein.

Das leere Gefäß Menschenseele wird weiter von außen gefüllt, so lange wir der Meinung sind, wir *müssten* erst vom Frosch zum Prinzen, vom Aschenputtel zur Prinzessin geküsst werden, um vollwertig zu sein.

Wir fangen etwas miteinander an und verlieren, gepaart mit der ersten Euphorie, uns dabei selbst.

☆☆☆

Fragen zur Findung deiner Zu*frieden*heit

- Auf welche Art wurdest du bisher verlassen, und warum verlässt du einen Menschen?
- Warum gerätst du wiederholt in eine seelische Abhängigkeit ganz bestimmter Menschen?
- Wie intensiv war dein Selbstmanagement im Verlauf deines bisherigen Lebens?
- Welches optische Pensum *müssen* du und deine Gefährten/Gefährtinnen erfüllen, damit jeder zufriedengestellt ist?
- Wie viel Spaß (Zufriedenheit) bereitet dieses Herrichten wirklich?

- Wie oft hast du dich schon zum Wohle anderer selbst verlassen?
- Welche Serien werden im TV gesendet, die du nie verpasst?
- Mit welchen Personen identifizierst du dich in diesen Geschichten, welche Ähnlichkeiten gibt es, oder was wünschst du dir von ihrem Leben?
- Wie stark war deine Enttäuschung nach Auflösung der ersten großen Liebe?
- Wie schön oder wie unsicher fühltest du dich in jungen Jahren?
- Welche Ähnlichkeiten zeigten spätere Begegnungen mit früheren Partnerschaften?
- Was *muss* ein Mensch genau tun, damit du dich geborgen und geliebt (zufrieden) fühlst?
- Was passiert mit deinen Gefühlen, wenn die liebevollen Zuwendungen plötzlich ausbleiben?
- Was unternahmst du früher als Kind, wenn dir bewusst wurde, dass dich jemand nicht mag?
- Was unternimmst du heute, wenn du von Mitmenschen abgelehnt wirst?
- Wer könnte dich immer so lieben und annehmen, wie du bist?
- Wie schafft es die Umwelt, deine Unzufriedenheit zu schüren, und wie *musst* du sie dann stillen?
- Wann ist dir das je auf Dauer mit materiellen Dingen gelungen?
- Welche Dinge bringen dein Herz zum Singen?
- Und wann hast du das zum letzten Mal gemacht?

- WARUM TUST DU ES NICHT JETZT?

☆☆☆

Ich bin ein sichtbar gewordenes Wunder des Universums. Darum liebe ich mich selbst.

☆☆☆☆☆

Fluch und Segen der Archetypen

Wie kommt es, dass fast alle Menschen im Laufe ihres Erwachsenwerdens ein Faible für bestimmte Partnertypen entwickeln? Deine persönliche Geschichte dazu wirst du vielleicht schon kennen oder im Verlauf der Entwicklung herausfinden, wieso du nur allzu gerne auf vertraute Signale fremder Erscheinungen hereinfällst und gleichzeitig eigene Warnsysteme unbeachtet lässt. Gewohntes, sei es noch so unverständlich und schmerzhaft, macht eben weniger Angst als Fremdes.

Bevor wir die Bereitschaft entfalten, an etwas Neues heranzugehen, wandern wir lieber auf den ausgetretenen Pfaden der Vergangenheit, anstatt einen Weg nach Hause ins eigene Herz zu ebnen.

Da könnten wir nun über diesen Streich, den die Seele spielt, verärgert sein, und hätte ich früher geahnt, was ich heute weiß, wären mir einige Irrfahrten in Sachen Partnerschaft erspart geblieben, doch auch genauso viel fröhliche und spannende Momente verloren gegangen. Man könnte die Erfahrungen sozusagen als Fortbildungsmaßnahme sehen.

Und wodurch entstand mein eigenes Urbild (Archetypus) in Bezug auf die Partnerwahl?

Da gab es einen Großvater. Erst als ich wiederholt Geschichten von ihm erzählte, die ich eigentlich nicht mehr wissen konnte oder durfte, schenkte man meinem Erinnerungsvermögen, das bis zu meinem zweiten Lebensjahr zurückreicht, Glauben.

Täglich besuchte der Mann in den Fünfzigern seine junge Tochter und das Enkelkind. Heute vermag ich nicht einmal zu sagen, wie groß und kräftig dieser Kerl in Wahrheit war, doch wenn er mich an die Hand nahm und ich zu ihm aufblickte, erschien er mir wie ein mächtiger, beschützender Krieger. Er wurde zu meiner lebenden Urfigur. Nicht einmal die Eltern wagten Widerworte zu geben, wenn er mich trotz meiner Aufsässigkeit in Schutz nahm.

Um die Besuche gleich auf mehrere Stunden auszudehnen und sein zeitiges Fortgehen zu erschweren, entledigte ich ihn kurzerhand, schmusig, im Handumdrehen seiner Manschettenknöpfe und des Schlipses, anschließend wurden die Requisiten an für Erwachsene unzugänglichen Plätzen in der Wohnung verstaut.

Selbst unter Androhung mütterlicher Strafe waren die geheimen Nischen nicht aus mir herauszukriegen, doch der Opa ertrug die verspäteten Geschäftsbesprechungen mit Humor und ohne mir auch nur einmal das Gefühl der Zurückweisung zu vermitteln. Paradiesische Zustände für die Seele eines kleinen, heranwachsenden Mädchens.

Plötzlich blieb er fort. Das kleine Mädchen wartete vergeblich. Fragend schaute es in das traurige Gesicht seiner Mutter, doch diese verstummte in erstickender Trauer und vermochte nicht zu erklären, was geschehen war.

Ich hatte noch nicht registriert, dass die Familie sich eigentlich auf ein kleines Brüderchen freuen konnte. Leider zu diesem Zeitpunkt kein glücklicher Umstand.

Es war die Zeit, in der vieles aus Familien unausgesprochen unter den Teppich gekehrt wurde. Erst recht Ereignisse, die der Gesellschaft Angriffsfläche lieferten.

Noch einige Jahre nach dem Fernbleiben des geliebten Großvaters suchte ich die Schuld in meinem Verhalten. Vielleicht hatte ich etwas falsch gemacht. War ich etwa doch zu frech gewesen? Kam er nicht mehr, weil ich ihm jedes Mal seine Utensilien stahl? Keine Antworten. Lange Zeit hatte das kindliche Gemüt verzweifelt gedacht, er wäre bloß verschollen und würde bald zurückkehren.

Auch wenn das Thema Tod und Trauer von Kindern eher ferngehalten wurde, minderte das den Verlust und den späteren Schaden nicht. Ich fühlte mich im Stich gelassen, und da war sie, meine erste große Narbe.

Dieses Zeichen schickte mich auf eine lange, quälende, aber auch klärende Suche nach der einst empfundenen, bedingungslosen Liebe und Geborgenheit und auf den Weg zu mir selbst.

Zu erwähnen, welchen Männern ich bei meiner Partnerwahl den Vorzug gab, ist wohl überflüssig. Was hätte ich ohne diese bleibenden Eindrücke vom Großvater angestellt und, vor allen Dingen, mit wem? Wäre die Partnerwahl treffsicherer gewesen, mein Leben ohne weitere Traumata abgelaufen? Das glaube ich kaum.

In solchen Prozessen gibt es kein Besser oder Schlechter, nur ein Anders. Niemanden trifft die Schuld. Es ist mir inzwischen klar geworden, wäre dieser Mensch am Leben geblieben und ich hätte unter seinem Schutz aufwachsen dürfen, wäre aus mir eine verwöhnte Göre geworden, die mit ihrer Suche nach einem gleichwertigen Mann niemals zu einem befriedigenden Ende hätte kommen können.

Erst recht nicht bei der Suche nach dem Selbst.

Die Menschen, die wir in unser Leben lassen, sind allzu oft lebende Abbilder von Urfiguren aus der Vergangenheit, vielleicht sogar aus erzählten Märchen, und intensiv wirksam auf die Seele, die ein Archiv ist, in dem nichts verloren geht, auch wenn wir es manchmal sehnlich wünschen.

Jeder Mensch verfügt über Erinnerungen an mächtige Figuren. Sei es die sanfte Großmutter, der weise Großvater oder eine starke Person, die das Kind einst bedingungslos unter ihre Fittiche nahm. Das ist die eigentliche Sehnsucht, die wir in der Partnerwahl vergeblich zu stillen suchen. Dabei lassen sich unsere Augen und Ohren gerne täuschen.

Zum Zeitpunkt einer Enttäuschung, die immer auch das Ende einer Täuschung bedeutet, wurde mir später bewusst, dass dieses Gefühl der Verlassenheit stets Ähnlichkeit mit vergangener Trauer hatte. Manchmal kauerte ich in einem Stuhl, blickte zum Fenster hinaus ins Leere, wartend, dass die Dämmerung den Tag ablöst, und plötzlich prallte ein bekanntes Gefühl absoluter Verlassenheit auf mich ein. Dafür genügte ein gewisses Licht, ein Geräusch oder ein bestimmter Geruch. Meine Empfindung war absolut mit der von vor vielen Jahren identisch, mit dem Verlust des Großvaters oder mit dem Zustand, als die Eltern meinen geliebten, todkranken Bruder aus dem Krankenhaus nicht mehr mit nach Hause brachten.

Während der Abwesenheit meiner Eltern passte meine sehr alte Oma auf mich auf. Aus Angst, in der Dunkelheit zu stürzen, ging sie vorsichtshalber in der Dämmerung nach Hause. Es waren genau diese Momente der Einsamkeit, in denen ich als kleines Mädchen sehnsüchtig die Nase am Küchenfenster plattdrückte, die mich viele Jahre später immer wieder einholen sollten, bis ich den Mechanismus verstanden und rechtzeitig gelernt hatte, aus einer erdrückenden Situation auszusteigen.

Wir sind es selbst, die schmerzhafte Augenblicke rekapitulierend zulassen. Es mag einen Schmerzauslöser (einen Menschen oder unerfreuliche Situationen) im Leben geben, doch ausschalten können wir die Pein selbst. Wir *müssen* es nur beharrlich wollen, denn so lange wir einem anderen die Schuld für unser Unwohlsein geben, erteilen wir ihm weiter die Generalvollmacht, an unserem Leben etwas zu ändern.

Jahrzehnte später hockte ich während einer dieser „Trauerfeiern" vor dem Gemälde, das der Opa vererbt hatte. Inzwischen, um eine weitere ent*täuschte* Liebe reifer, flehte ich laut, er möge mir endlich nach all den Irrfahrten einen „vernünftigen" Menschen schicken. Schließlich war er dafür „verantwortlich", dass ich stets Männer bevorzugte, die eine Ähnlichkeit mit ihm aufwiesen.

„Zufällig" traf ich nur einen Tag später auf einen „vernünftigen" Menschen, und als mir bewusst wurde, was während unseres Gesprächs passierte, wurde mir ziemlich unheimlich zumute.

Ob diese Verbindung „vernünftig" wäre, würde sich herausstellen, und eine gewisse Ähnlichkeit zum archetypischen Vorbild ließ sich abermals nicht leugnen. Doch sie bezog sich zumindest nicht ausschließlich auf Äußerlichkeiten.

Auf jeden Fall bringt das Zusammensein beide Beteiligten dem Wachstum in Richtung Vollständigkeit wieder ein wenig näher.

Wir sollten einmal überlegen, welche Eindrücke von aktuellen Weggefährten bleiben, wenn wir die Augen schließen. Nehmen wir einmal an, du könntest deine/n Partner/in nicht sehen. Wer ist sie/er dann? Was zeichnet diesen einen Menschen aus?

Und ich meine nicht das Portemonnaie!

Das sind die Dinge, die mit dem Herzen zu sehen sind.

Echte Einsamkeit ist ein qualvolles Warten auf die erfüllte Liebe. Tatenlos darin zu verharren bedeutet, uns selbst auszuradieren! Wir Menschen sollten uns angewöhnen, uns lieber um jemand wirklich Bedürftigen zu kümmern.

Frech sagten wir verliebten Teenager damals zueinander: „Wenn ich dich nicht hätte, hätte ich eine/n andere/n!"

Der Ausspruch scheint hart, doch er enthält einen hohen Wahrheitsgehalt. Das Menschengewimmel gleicht, vom Weltraum aus gesehen, einem Haufen Ameisen zwischen einigen riesigen Pfützen, und hier treffen wir, vielleicht auch nur für eine begrenzte Zeit, diese eine Person, die als Pflaster für unsere Wunden dienen soll.

Und wenn die Verbindung bricht, durch Tod oder Leben, dann ist es goldrichtig, wenn wir uns nach einer Weile wieder in der Beziehungsschüssel zur Verfügung stellen, um zu wachsen und gleichzeitig einem anderen Wesen in seiner Entwicklung dienen. Wir sind tatsächlich Werkzeuge des Schicksals oder Gottes, nenn es, wie du willst, und gute Werkzeuge, wenn es uns im Dienen gelingt, uns selbst nicht zu verlieren. Dann heilen sich Seelen gegenseitig mit dem, was dem anderen fehlt.

Der Augenblick des Zusammenseins ist ehrlich und nicht durch Anforderungen geprägt, die einst erfüllt werden *mussten.*

Selbstfindung, Selbsterfüllung, ist das Rezept für die glücklichen Momente im Leben.

Warum schenken wir dem Gegenüber Glauben, wenn es behauptet, wir seien nicht gut genug oder *müssten* uns ändern? Warum saugen wir negative Behauptungen auf wie ein Schwamm, wir nehmen es doch auch nicht für bare Münze, wenn uns ein Mensch als Millionär/in betitelt. Es wäre doch zu schön, nur durch das Gesagte in eine beruhigende Position zu schlüpfen.

Was wir von uns glauben und denken macht unser Schicksal aus. Dann ist es wunderbar, wenn jemand (ungefragt) behauptet:

„Ich bin immer bei dir!“

Doch es ist keine Lebensnotwendigkeit mehr, weil du mit Überzeugung sagen wirst: „Ich bin auch immer bei mir! Es *muss* niemand bei mir bleiben.“

Denn du wirst dich nie mehr selbst verlassen!

☆☆☆

Fragen an deine Kindheitserinnerung

- Wer war der erste Mensch, der dir in der Kindheit Liebe und Geborgenheit vermittelte?
- Wie stark ist dein Wunsch, diese Menschen aus der Vergangenheit wieder in dein Leben zu holen? (Auch verstorbene Menschen sind nicht wirklich weg. Sie leben nur in anderen Räumen/Körpern und können noch immer wertvolle Informationen liefern. Du *musst* ihnen nur Raum geben.)
- Wo zeigt sich die Ähnlichkeit deiner Lebensgefährten/innen zu deinem Vorbild von damals?
- Wie ebenbürtig fühltest/fühlst du dich in diesen Verbindungen?
- Wer vermochte es bisher, deine Sehnsüchte nach Liebe und Geborgenheit auf Dauer zu stillen?
- Was würdest du tun, wenn dieser Mensch plötzlich nicht mehr zur Verfügung stünde?
- Wem gibst du die Schuld (somit auch die Macht, zu handeln), wenn es dir schlecht geht?
- Wann hast du das letzte Mal selbstsicher in dir geruht?
- Wie war der Auslöser genau in diesem glückseligen Moment?
- Unter welchen Bedingungen weigerst du dich, neue Bekanntschaften zu schließen?
- Wie hast du deinen Fortgang aus dem Leben anderer Menschen bisher beeinflusst?
- Was wäre aus dir und aus den anderen Beteiligten ohne euer Zusammentreffen geworden?

- Was geschieht mit dir, wenn du dich auf Dauer deinen Gefühlen verschließt?
- Wann hattest du schon einmal das seltsame Gefühl, es sei dir ein Mensch geschickt worden?

☆☆☆

Liebevoll begrüße ich alle Urfiguren in meinem Alltag. „Danke für euren Schutz und die Inspiration."

☆☆☆☆☆

Warum liebst du mich, und wofür soll ich dich lieben?

Neugierig geworden auf die Gefühle und die Loyalität des anderen, möchten wir präzise wissen, was das Gegenüber so hervorragend an uns finden könnte, das wir selbst noch nicht entdeckt haben.

So sehr, wie wir meinen, unterscheiden sich junge Liebende von reiferen Verbindungen nicht. Jedes Alter tappt in die Falle der wohltuenden Bauchpinseleien. Besonders widerstandslos in Verbindung mit gescheiterten Beziehungen und Ablehnungen der eigenen Erscheinung. Auf Wolke 7 gibt es keine Altersbegrenzung, die Liebe kennt keine Rente.

Vom Westerwald aus ist der Weg nicht weit zu Orten wie Bad Hönningen oder Rüdesheim, man fährt ins Sauerland zum Wellness für das angeschlagene Selbstbewusstsein, jettet nach Mallorca oder wartet auf den nächsten Karneval, um den Marktwert zu testen.

Im Ernst erwähnte einmal eine Klientin, wie wichtig ihr diese „Be-Gut-Achtung" an den besagten Orten sei, und nur dafür suche sie die Plätze auf, um Aufmerksamkeiten zu ernten, zu denen ihr Ehemann nicht mehr fähig sei.

Kombiniert mit der Einsamkeit der Menschen, funktioniert die Erlebnisgastronomie bestens. Eine Hotelmanagerin bestätigte mir, wie wichtig es bei der Vergabe der Zimmer sei, darauf zu achten, die Anzahl zwischen Männlein und Weiblein in der Waage zu halten. Die Mühe zahle sich am Abend mit den Umsätzen an der Bar aus, und natürlich gönne sie ihren Gästen den Spaß von ganzem Herzen. Die Musik spielt in schmeichelndem Licht, und die schwebenden Füße befördern die alkoholisierten Körper widerstandslos übers Tanzparkett, direkt in die Arme eines engagierten Menschen. Was würde wohl in einem tageslichterfüllten Etablissement ohne Alkohol und Schmuselieder mit diesen Menschen geschehen? Inszenierung ist alles!

Noch bedeutsamer ist, dass man(n) sie nicht durchschauen darf. Aber was hat von diesem Spektakel Bestand im echten Leben? Sind solche Bekanntschaften alltagstauglich? Alltagsromantik bedeutet Putzen, Waschen, Kochen – das Ringen um Anerkennung.

Was tun Menschen wirklich freiwillig und gerne, so ganz ohne *Müssen*? Wie viel wird an Werktagen gelacht?

„Nach der Heirat wird nicht mehr nur das Mäulchen gespitzt, da *muss* auch gepfiffen werden“, meinte mein Großvater zu jungen Paaren, die sich mit allzu großer Euphorie auf die Achterbahn der Ehe begaben, und er wollte damit ausdrücken, dass es recht einfach ist, sich herauszuputzen und gemeinsam feiern zu gehen. In der Ehe oder Beziehung jedoch weht ein anderer Wind. Dann erst stellt sich heraus, ob die Menschen wirklich zueinander passen.

Hier kommt mir eine alte Schulfreundin in den Sinn, die mir im zarten Alter von zehn Jahren bereits kurz und bündig in mein Poesiealbum schrieb:

Liebe Tatiana, sei sehr schlau, werde niemals Ehefrau!

Vor der Hochzeit pflückst du Rosen, nach der Hochzeit stopfst du Hosen!

Wer kann diesen Vers nach einigen Jahren Zusammenlebens eine Lüge schelten?

Ich will nicht die Anstandsdame mimen, aber ist den Menschen wirklich nicht bewusst, dass mindestens achtzig Prozent der ohrsäuselnden Barbekanntschaften zu Hause auch jemanden auf dem Alltagssofa sitzen haben, der sich allein gelassen fühlt und sich vielleicht ebenfalls in einem Etablissement dürstend der Fleischbeschau unterzieht, nur um noch einmal einige nette Worte zu hören?

Das Stichwort „Fleischbeschau“ führt mich zu einem weiteren Gedanken: Genau wie Paarungswillige mit allen Mitteln versuchen zu imponieren und von Makeln und vom Alltag abzulenken, manövriert die Fleischindustrie die Gedanken der Konsumenten geschickt weg vom einst lebenden Tier. Lichtdurchflutete Ladentheken werden von Hintergrundmusik berieselt. Perfekt platzierte Dekoration lässt den Tod vergessen. Kindern, der Kundschaft von morgen, gibt man gerne ein Scheibchen Wurst in Form eines Clownsgesichts. Wer stellt da noch eine Verbindung zum lebenden Tier her, das für diesen Leckerbissen seinen letzten Atemzug tat und eventuell unter haarsträubenden Bedingungen aufgewachsen ist?

Ebenfalls ein trauriges Täuschungsmanöver, auf das wir alle ohne große Mühe und mit etwas mehr Bewusstheit und Achtung vor unseren tierischen Verwandten reagieren sollten. Nur durch einen reduzierten Konsum, den unsere Vorfahren bereits mit Bravour überlebten.

Sicher wird die Natur irgendwann blendend ohne uns,

die selbst ernannte Krönung der Schöpfung, zurechtkommen, wenn wir so weitermachen.

Wissenschaftler behaupten, die Erdkruste sei, im Verhältnis gesehen, nur so dick wie eine Pfirsichhaut. Die Schale von uns Menschen ist noch zarter und verwundbarer und, vor allem, empfindsamer für Liebesgeflüster.

Einige Küsse, Spaziergänge und Kaffees – nach der ersten Begegnung landen die Verblendeten in derselben verbindlichen Falle wie beim letzten Verhältnis. Neue Liebe ist wie eine Droge, die zunächst berauscht, doch um weiter Wirkung zu zeigen, *muss* die Dosis stets erhöht werden. Dann *müssen* wir uns erneut auf die Reise machen nach der großen, ewigen Liebe, doch Prinzen und Prinzessinnen finden wir nicht an der Theke organisierter Verführung. Wann werden wir dieses Täuschungsmanöver wohl endlich durchschauen?

Vermutlich ist kein Mensch zum Dauereinsiedler geschaffen, ständige Einsamkeit wider die Natur des seelischen Gefüges, geschweige denn günstig für das Fortbestehen allen Lebens. Trotz herber Enttäuschungen spiegeln wir das Selbst allzu gerne im Gegenüber. Es gibt nun einmal Erfahrungen, die sich nur mit einem Gegenüber erleben lassen, und ganz bestimmte Abläufe vollziehen sich ausschließlich im Miteinander. Ob wir dabei den Bund der Ehe eingehen oder die lockere Version bevorzugen, spielt keine große Rolle. Amore, gepaart mit den dazugehörigen Konflikten, reagiert nicht auf Papier oder Trauscheine. Sie ist wahrhaft unbestechlich! Hat die Seele erst einmal die innerliche Kündigung vollzogen, rettet auch keine noch so ernsthaft geleistete Unterschrift auf Trauscheinen, Notardokumenten, Bankunterlagen und Liebesbriefen vor Gefühlschaos und bohrenden Zweifeln. Echte Seelenverbundenheit ist immer noch die beständigste Allianz.

Unvernünftigerweise leisten Suchende der unstillbaren Sehnsucht, in der sich ja schon die Worte Sucht und Suche verbergen, auf Fastfoodmanier Abhilfe und bandeln rasch mit dem Nächsten an, ohne ins Innere zu lauschen, was wirklich heilen könnte.

Ist dir je aufgefallen, wie wir uns gegenseitig manipulieren und um Aufmerksamkeit buhlen? Schenkt man der Öffentlichkeit Glauben, sind unsere Leiber mit allem, was dazugehört, Fehlplanungen der Schöpfung, und nichts daran scheint gut genug zu sein, Liebe und Zuneigung um seiner selbst willen zu empfangen. Schnörkel verunstalten die Echtheit des Wesens.

Das ist keine Aufforderung, den Rest des Lebens in stinkender Kleidung zu verbringen, doch täten wir alle zu Gunsten eigener Echtheit gut daran, ein wenig auf solche Possen zu verzichten. Jeder ist von Natur aus etwas Besonderes, und was machen wir daraus? Schaufensterpuppen, wohl modisch, aber alle gleich.

Eine erfolgreiche Visagistin erwähnte einmal, dass es sich auf einem leeren Blatt am besten malen lasse.

Mit der Wahl des eigenen Outfits bestimmen wir die gewünschte Partnerschaftsklientel, ohne es zu merken. Es bereitete mir eine Zeit lang Spaß, die Reaktionen der Männer auf diverse Stylings zu testen. Erstaunlich, welch unterschiedliche Typen Kontakt zu mir aufnahmen.

In Röckchen, auf halsbrecherischem Absatz und mit Handtäschchen signalisiert eine Frau anscheinend den dringenden Wunsch, angesprochen und abgeschleppt zu werden. Nur wenige Männer kommen auf die Idee, dass auch ein weibliches Wesen den Wunsch verspüren könnte, ein nettes Gespräch zu führen beziehungsweise sich absolut nicht im sexuellen Notstand befindet. Es gibt im 21. Jahrhundert, ähnlich wie im Mittelalter, wenige Lokalitäten, in denen eine alleinstehende Frau verkehren kann, ohne in einer männlichen Schublade zu verschwinden.

Ich wurde damals ernsthaft angebafft, was ich denn in dem Lokal wolle, als ich die Einladung auf das Hotelzimmer eines Gastes mit einem erstaunten Lächeln dankend ablehnte.

Ein anderes Mal schlüpfte ich in abgetragene Bluejeans und Boots und setzte zur Krönung noch eine schwarze Lederkappe auf. Schon wandelte sich das Publikum.

Die „Kundschaft“ wechselte vom Anzugträger in Richtung „Locker wie ein Rocker“. Und die Anzahl der Interessenten wurde verschwindend gering. Anscheinend flößte die Art der Kleidung Respekt ein und ließ weniger auf leichte, unterwürfige Beute schließen. Doch was sagten diese beiden Verkleidungen denn wirklich über mich aus?

Als ein männlicher Interessent mir unter der Discokugel, mit Testosteron verschwommenen Blick gestand, er habe sich unsterblich in mich verliebt, fragte ich nach, worin er sich denn verliebt hab: die Augen, die Haare, die Brüste …?

Meine Mutter wusste zu den nächtlichen Ausflügen ein kleines Gedicht vorzutragen:

Die Liebe, die der Wein gemacht,
hält wie der Wein nur eine Nacht.

Verehrer jedenfalls können an der Bar unmöglich genug über einen Menschen in Erfahrung bringen, um ihre Seele zu verlieren. Das ist wohl eher der Verstand.

Skeptisch versicherte ich dem Anwärter, mir an diesem Abend besonders viel Mühe mit meinem Make-up gegeben zu haben, und schwor, dass ich am Morgen mit gewaschenem Gesicht gewiss nicht besser aussehen würde als seine Frau. Wie ein Mensch eben aussieht, ohne Bra und Blubb.

Marschiere ich, gehüllt in Parker und Lederschlapphut, bei Regenwetter mit meinen Hunden los, denke ich beim Blick in den Spiegel, dass dieses Outfit ideal wäre, um sich in ein Feld zu stellen und gefräßige Vögel zu vertreiben. Gewiss würde von den balzenden Vögeln des Vorabends niemand den Kopf nach dieser Gestalt verdrehen. Köstlich, von der Bühne der Eitelkeit einmal herunterzugehen und über all diese Oberflächlichkeit zu schmunzeln. Ich kann eine optische Täuschung sein wie eine Fata Morgana!

Aber in Wirklichkeit bin ich eine Idee der Schöpfung, so, wie alle anderen Lebewesen auch.

Frisch verliebt stellte eine Bekannte fest, dass ihr Spiegelbild anders ausschaue als sonst. Rührend leistete ihre männliche Neuerrungenschaft Anerkennung und Lob in Sachen weiblicher Optik. Was wird wohl aus ihr werden, wenn dieser Mann, ähnlich wie der Vorgänger, mit Schmeicheleien nachlässiger wird? Wird sie dann wissen, wer sie selbst ist?

Dem Partner ist erlaubt, der Spiegel zu bleiben, so lange er wohlwollend handelt. Schmeichelnde Worte leiten eine Aufbauinfusion direkt in unser Wohlfühlzentrum, doch darf dieses Amt nicht zum Aderlass werden.

Einmal hatte ich es in jüngeren Jahren mit der Maskerade so übertrieben, dass ein langjähriger Freund an mir vorbeisauste. Wir hatten uns beide, unabhängig voneinander, in eine Nobeldisco verlaufen. Dementsprechend sah ich aus im Kostüm, Stöckelschuhen und Glitzertäschchen. Er kannte mich nur in Jeans oder Trainingsoutfit. Erst beim zweiten Passieren kletterte sein Blick von unten an meinen Netzstrümpfen bis zur getunten Oberweite hinauf, und ich bin mir nicht sicher, wie sein Kommentar, der etwa klang wie: „Häähh?“ zu bewerten war.

Warum tunen Männer Autos? Weil sie in ihrer Urausstattung nicht gut genug sind. Und warum bretzeln wir Menschen die Fassade manchmal so entsetzlich auf?

Dabei gibt es keine hässlichen Menschen! Es scheint gepflegte und ungepflegte zu geben, sicher auch verkorkste Charaktere, Eigenbrödler, doch jede Kreatur hat irgendetwas Besonderes, herausstechend Schönes an sich, und im Gegenzug wäre an jedem Körper etwas Makelhaftes zu finden, wenn man nur akribisch danach Ausschau halten würde. Doch was nutzt das? Der Körper bleibt eine vergängliche Hülle. Jemand, der uns wirklich achtet und liebgewonnen hat, betrachtet mit dem Herzen und ist gleichzeitig ein bisschen blind für Fehler.

Trotzdem erteilen wir, rational suchend, fast ausschließlich der Oberfläche Vorrang. Tief sitzen alte Glaubenssätze unserer Ziehleute und Eltern.

„Kleider machen Leute. Gekleidet wie ein Edelmann. Wie du kommst gegangen, so wirst du auch empfangen."

In einem Märchen von Hans Christian Andersen bringen eigene Selbstzweifel und die Wichtigtuerei seiner Berater die Majestät sogar so weit, nackt durch die Menge zu schreiten. Nur, um gut dazustehen. Weit ab von jeglicher Selbst(er)kenntnis.

Das Individuum geht inzwischen noch weiter, ist bereit, sich wie ein Schnittmuster zurechtschneiden zu lassen, um anderen zu gefallen. In Hollywood längst an der Tagesordnung, aber sogar dort wurde bisher kein Menschenschneider zum Schutzpatron gekürt, der ins Wanken geratene Ehen und Beziehungen kittet. Das Messer schützt vor Trennung nicht. Was kommt wohl im Anschluss an diesen Wahn? Der Austausch sämtlicher Gliedmaßen und Häupter?

Sonst legen wir so viel Wert auf Echtheit. Ist die Tasche, die Halskette, der Ring, das Gemälde echt oder eine Fälschung? Millionenklagen werden von Modelabels zu diesem Anlass erhoben.

Mann und Frau quetschen die Leiber in Stoffe, die sich kaum jemand in den eigenen vier Wänden antun würde, und marschieren ins Getümmel der Eitelkeiten, bemüht, jemanden für sich zu gewinnen und verlieren sich dabei selbst.

Die Gespräche mit meinen Klienten in Bezug auf Partner in spe und die dazugehörigen Anforderungen an die Kreatur versetzen mich immer wieder in Staunen. Ob ein einziger Mensch diese Kriterien zu erfüllen vermag? Beide Geschlechter stehen sich in den gestellten Ansprüchen in nichts nach.

Die Frau wünscht sich einen repräsentativen, gepflegten Mann, der gut verdient und trotzdem jeden Tag zeitig zu Hause ist und sich Muße für die Familie nimmt. Der einfühlsam im Bett ist und genau registriert, wann die Frau die Aufmerksamkeit wünscht oder lieber in Ruhe gelassen werden will.

Der Mann wünscht sich eine attraktive Frau, die sich auch zu Hause zwischen Wäsche und Bolognese nicht unsexy gibt. Wenig, besser gar nicht, altert und über eine möglichst hohe Libido verfügt. Wir *müssen* was aus uns machen und nach erfolgreicher Suche einiges mit uns machen lassen.

Das war nur eine Kurzbeschreibung der Auflagen, die es zu erfüllen gilt. Die Wünsche lassen sich in der Tat noch auf exaktes Körpergewicht und Maße, Augen- und Haarfarbe ausdehnen. Außerdem auf sexuelle Vorlieben, Hobbys, Autos und Nahrungsvorlieben, usw.

Dennoch genügt die Oberfläche manchmal für einen Start ins neue Glück. Der oder diejenige, die die Maskerade und das Spiel am besten beherrscht, hat die größten Chancen, leichte Beute zu machen. Manchmal frage ich mich, nach welchen Kriterien unsere Vorfahren ihre Liebsten erwählten, verfügten sie doch nur über zwei spärliche Garnituren, je für Werktags und Sonntags. Meine Vorfahren wuschen sich noch in Zinkwannen und Holzbottichen, sie lebten ohne die Brise der Antarktis und ohne Allergien.

Immer öfter gerate ich ins Schwärmen für die gewonnene Zeit, in deren Genuss ich ganz einfach kommen könnte, statt meine Lebensuhr beim Shoppen oder mit krummem Rücken an einem Bügelbrett verstreichen zu lassen.

Mit Styling überreden wir Menschen, sich mit uns abzugeben. Die getäuschten Augen und Nasen nehmen Witterung auf. Wollen unsere Augen wirklich die Wahrheit noch sehen? Haben wir nicht längst vergessen, wie Menschen in natura eigentlich aussehen? Es wird behauptet, dass sehr eitle Leute mit der Ausstellung *Körperwelten* des Künstlers Günther von Hagen extreme Probleme haben. Nirgendwo wird die menschliche und körperliche Wahrheit beziehungsweise Ähnlichkeit so schonungslos deutlich. Auch die Analogie zu unseren tierischen Verwandten lässt beim Betrachten keine Zweifel offen. Wir sind nichts Besseres, und obwohl die meisten Menschen eine strikte Trennung zwischen Mensch und Tier sehen möchten, benehmen sie sich unter Umständen wie Tiere. Wer wünscht sich keinen tierisch guten Sex? Hat sich tierisch gefreut oder wurde tierisch sauer?

Wir sind das Tier auf zwei Beinen. Noch deutlicher ruft der Nomade zur Wachsamkeit:

„Der schlimmste Wolf steht auf zwei Beinen."

Die Tarnung des Menschen bis zur optischen Täuschung ist eine weitere Gemeinsamkeit. Unübertroffenes Blendwerkbeispiel bleiben Dragqueens. Biologisch Männer, die im Körper einer Frau leben möchten, sich dementsprechend kleiden und verhalten. Manche Frau erblasst vor Erfurcht beim Betrachten dieser perfekt inszenierten Verwandlung, und Männer fallen ungeschützt darauf herein.

Aufgeregt besuchte ich einen Bekannten, der im Sicherheitsdienst eines Bordells seinen Lebensunterhalt verdiente. Wir tasteten uns durch die verrauchten, dunklen Gänge, und es dauerte eine ganze Weile, bis ich mich an das Duftgemisch von Alkohol, Zigaretten, Parfum und menschlichen Flüssigkeiten gewöhnt hatte.

Über hundert Frauen, aber auch Männer, die vorgaben, Frauen zu sein, boten dort ihre sexuellen Dienste an, präsentierten sich vor angemieteten Räumen. Mein Blick fiel auf eine außerordentlich erotische Person. Blond, nicht enden wollende Beine und eine Oberweite wie aus einem Comic. Es wunderte mich nicht, dass dieses Wesen die verrücktesten Phantasien im männlichen Denken weckte.

Mein Freund meinte grinsend: „Und, wie findest du ihn?"

Beide Kerle grölten laut los.

In Wahrheit war „die Schöne" ein Mann, und kaum einer seiner Kunden bemerkte das, während der andere wissende Teil die Vielfalt des angebotenen Körpers begrüßte.

Das Pendant zur perfekt inszenierten Schönheit zeigen Fernseh-Sketche der Siebziger und Achtzigerjahre. Auftritte des unvergesslichen, leider schon verstorbenen Dieter Krebs und seiner ursprünglich ansehnlichen Kolleginnen, die mit ihren entstellenden Verkleidungen, Utensilien und Schminke Mut zur Hässlichkeit bewiesen.

Vermutlich würden wir blind am eigenen Partner vorbeilaufen, nachdem er/sie ein wenig Zeit unter den Händen eines Stylingprofis verbracht hätte, und die Nachherfotos *müssten* zur Aufklärung beschriftet werden wie die Fotos der Stars in Hochglanzmagazinen,

Wofür wir geliebt werden, ist eine zu klärende Frage, denn sonst bleibt das Balzen ein unbeholfener Tierversuch. Wäre es nicht erlösend, nichts darstellen zu *müssen*, keine Erwartungen erfüllen zu *müssen*? Einfach zu sein?

Dann erst strahlen wir von innen – schön, wie Gott uns gewollt hat!

Abhängigkeit vom Ausleuchten der Oberfläche ist Vergangenheit.

☆☆☆

Fragen an das maskierte Ich

- Welche Dinge bekommst du in deiner Partnerschaft nicht zu deiner Zufriedenheit?
- Wann wurde diese Sehnsucht schon einmal befriedigt und was war die Ursache für dieses Gefühl?
- Wer hat die Macht, dir auf ewig dieses Wohlgefühl zu vermitteln?
- Warum glaubst du, geben sich Verehrer/innen besonders viel Mühe?
- Wie lange dauern diese Strategien an, wenn du nicht so reagierst, wie sie es sich wünschen?
- Für welche Person könnte dein Partner, deine Partnerin, sich zurzeit näher interessieren?
- Wie fühlst du dich bei dem Gedanken, deinen Partner/deine Partnerin für eine neue Liebe zu verlassen?
- Wer glaubst du, wirst du in einigen Jahren in einer neuen Verbindung sein?
  Wer willst du in deinem Leben außer Partner/in noch sein?
- Wie sind deine Strategien, um den anderen zu gefallen?
- Wer könnte dich wundervoll finden, wenn du so bleibst, wie die Natur/Gott dich geschaffen hat?
- Wer in deiner Familie sieht dir ähnlich?
- Was würde mit deinen Gefühlen für diese Person geschehen, wenn sie sich durch Krankheit verändern oder durch einen Unfall entstellt würde?

- Welche Vorteile entwickeln sich aus einer Beziehung, die nicht in der Hauptsache auf optische Reize basiert?
- Was *muss* ein Mensch tun, damit du dich optisch vollwertig fühlst?
- Wie lange wird er dich nach diesen Kriterien annehmen können?
- Wie perfekt sind deine Partner/innen, und für wie lange werden sie in diesem Zustand bleiben?
- Was denkst du, wenn du ungeschminkte Menschen anschaust?
- Was ist an dir von Geburt an einzigartig?
- Was ändert sich an diesem besonderen Merkmal, nur weil ein anderer es nicht bemerkt?
- Wer könnte für dich die verlässlichste Person in Sachen Liebe sein?

☆☆☆

In mir steckt das Wesen der Schönheit aller meiner Ahnen.

☆☆☆☆☆

Pseudoselbstbewusstsein

„Unsere Kinder sollen es einmal besser haben als wir! Da *muss* man den gängigen Modetrend der Schulhöfe mitmachen, um den Heranwachsenden das Ausgestoßensein zu ersparen.“

Eine Behauptung, die ich immer wieder von Eltern zu hören bekomme. Obwohl eine marode Haushaltskasse die Erfüllung exklusiver Klamottenwünsche längst nicht mehr erlaubt.

In meiner Jugend waren meine Eltern finanziell nicht in der Lage, mir zu ermöglichen, mit dem modernen Klassendurchschnitt mitzuhalten, und noch heute spüre ich die empörten Blicke und das Getuschel über meinen bunten Aufzug. Damals fühlte ich mich ein wenig ausgestoßen, irgendwie wurde ich nicht akzeptiert. Heute schaue ich mit Dankbarkeit auf die Entfaltung des eigenen Stils und meine Unabhängigkeit von lästigen modischen Auflagen.

Ende der Siebzigerjahre gab es zwei tonangebende Trends. Entweder man gehörte zu den Punks, den schrillen Gestalten mit Sicherheitsnadeln, nicht nur in den Hosensäumen, Shirts, Airbrush-Lederjacken und Springerstiefeln. Oder man teilte die Gesinnung und Dekadenz der Popper. Perfekt geschnittene und gestylte Fönwellen. Glänzende Designerfetzen und tadellos platziertes Make-up.

Mich persönlich reizte eher die Punkszenerie, doch meine Eltern wussten dies mit allen Mittel zu verhindern. Nur unter den prüfenden Augen eines Elternteils durfte ich in der Frühe das Haus verlassen. Davon abgesehen, fehlten für das Popperlager ohnehin die finanziellen Mittel.

Eines Tages öffnete sich die Tür, und der Rektor schob eine neue Mitschülerin ins Klassenzimmer. Ihre Eltern hatten das arme Ding in das angrenzende Internat gesteckt, fern der Heimatstadt, weil sie dem Früchtchen nicht mehr Herr wurden. Da stand eine junges Mädchen mit rotbraunem, zum Seitenscheitel gekämmten Haar, eigenwilligem Augenmake-up, ihre Füße in den spitzesten Schuhen, die ich je gesehen hatte, eine hautenge Wildlederhose und ein türkisfarbenen Mantel. Eine Popperin, wie sie führende Teenagermagazine nicht besser hätten auftreiben können. Auf einmal merkte ich die Unruhe in der Gruppe, besonders unter den besser betuchteren Jungs und Mädels. Was war passiert? Es roch bedrohlich nach KONKURRENZ! Die Jungs scharten sich auf dem Pausenhof wie Schmeißfliegen um den Paradiesvogel, und die Mädchen standen mit Argwohn in der äußersten Ecke des Schulhofs und schmollten. Es wurde für den exotischen Neuankömmling eine knifflige Angelegenheit, gesunde Kontakte innerhalb der Gruppe zu finden.

Und das alles nur wegen einer eigenwilligen Fassade!

Sie war sich über ihre modischen Vorteil im Klaren und zumindest nicht sichtbar aus der Ruhe zu bringen. Die meisten Menschen würden behaupten, sie verfügte über ein unerschütterliches Selbstbewusstsein,– eine Form von Selbstbewusstsein, das vorgelebt und vermittelt wurde. Geprägt beziehungsweise abhängig von der Kleidung, dem Gesicht, dem Körper, der Frisur, dem Auto oder was im Laufe des Lebens erwirtschaftet wurde.

Je nach Kultur werden die irdischen Güter unterschiedlich bewertet, die westliche Welt ist jedoch enorm von Statussymbolen abhängig.

Würden wir das ganze Theater im gewohnten Stil abspielen, wenn um uns herum ausschließlich Blinde lebten?

Während eines Kontrollblicks in den Spiegel ertappte ich mich bei dem Gedanken, dass meine fast erblindete Freundin, deren Besuch ich erwartete, ja sowieso nicht erkannte, dass ich an diesem Tag nicht gut geschminkt war, und gleich fühlte ich mich etwas sicherer.

Inzwischen werden zum Wohl aller Beteiligten bereits Erziehrinnen in Kitas angehalten, finanziell bessergestellte Kinder nicht mehr allzu ausgiebig für ihr modisches Outfit zu loben.

Beim Anschauen von Reportagen über ferne Länder, wie zum Beispiel die Mongolei oder Südamerikas Ureinwohner, schäme ich mich ein wenig für meine eigene, zeitweilige Unzufriedenheit und beneide die Menschen um ihre Genügsamkeit und die Fröhlichkeit, die sie trotz ihrer dürftigen Kleidung oder Unterkunft ausstrahlen. Während ich mir ohne Anstrengung zwanzig Liter Wasser über den Kopf laufen lasse, um anschließend doch über den Eigensinn meiner Locken zu meckern, schleppt eine Gruppe Menschen auf ihrem Haupt kilometerweit Kübel, nur um einen Schluck lebensnotwendiges Nass in einer Qualität, die mir das Gedärm auf links drehen würde, zu trinken.

Vermutlich würden sie zu Recht lachen, wenn ich ihnen mitteilte, dass ich manchmal erst zufrieden bin, wenn ich überflüssige Kleidung aus der Stadt in den heimischen, überfüllten Schrank schleppe oder von dem Ärger über ein paar Millimeter Bauchspeck mehr erzähle.

Ganz richtig bezeichnet man Fett als die eiserne Reserve des Körpers, und sie sichert jeden Winter vielen Tieren und Menschen in kälteren Regionen durch Stoffwechselverlangsamung das Überleben und dient zusätzlich als Wärmespeicher.

Um ein Kilo reines Körperfett zu- oder abzunehmen *müssten* wir dem Körper cirka 7000 Kalorien zu viel oder zu wenig zuführen. Seit mehren Millionen Jahren funktioniert dieses System, es sei denn, wir kommen in eine Ausnahmesituation und der Körper *muss* sich vor den äußeren Einflüssen schützen. Nur wir Menschen ignorieren diesen wunderbaren, lebensrettenden Mechanismus, und bilden uns ein, dass unser Körper an Gewicht aufbaut, und das nur, weil wir einmal zu viele Nudeln gegessen haben, oder wir hoffen verzweifelt, schnell in eine reduzierte Kleidergröße schlüpfen zu können, wenn wir einige Wochen fast gar nichts essen. Würde die Regulierung derart einfach funktionieren, *müssten* jedes Jahr Tausende von Tieren, die Winterschlaf halten, verenden. Unser Körper ist eine perfekte Laune der Natur, die sich, würden wir uns nicht so unverschämt einmischen, nur auf bequemstem Weg erhalten will und *muss.*

Ich fragte mich damals, was wohl passieren würde, wenn die elterliche Geldmaschine des modischen Mädchens zum Erliegen käme oder sie den Lebensstandard in Zukunft nicht selbst aufrechterhalten könnte. Wo bliebe dann ihr „Selbstbewusstsein"?

Was signalisieren wir jungen Menschen, wenn wir mit allen erdenklichen Mitteln dafür sorgen, dass sie den Konsumterror mitleben können/*müssen*?

Es wird ihnen deutlich klargemacht, dass sie ohne Utensilien weniger darstellen und nur, wenn gewisse Faktoren erfüllt sind, im Wert steigen! Was hat das mit SELBST zu tun?

Ein Vater zankte seinen Sohn ständig, indem er behauptete, der Junge würde es aufgrund seiner Schmächtigkeit nie schaffen, eine Frau zu beschützen. Trotz seines zarten Körperbaus war es dem Kerl gelungen, auf nationaler Ebene hohe Preise im Kampfsport zu erringen, aber er wünschte sich sehnlich ein höheres Körpergewicht und die Anerkennung seines Vaters. Schließlich trieb ihn die Abwertung so weit, sich selbst Wachstumshormone zu spritzen. Zunächst gelang ihm die Gewichtszunahme. Nach dem Anschauen alter Fotos jedoch wurde ihm bewusst, wie stark sein Gesicht sich durch die Medikamente verformt hatte, und es gesellte sich eine weitere Unzufriedenheit hinzu.

Mal findet ein Betrachter eine Glatze hässlich, und kranke Menschen verstecken sie zu gerne unter einer Perücke. An anderer Stelle ist sie sexy, und es wird viel Geld mit dem haarlosen Haupt verdient. Denken wir an die damals blutjunge Sinéad O'Connor oder den in die Jahre gekommenen Inspektor Kojak. Eine Frage des Blickwinkels, nicht wahr?

Unsere Selbstliebe wurde an Bedingungen geknüpft. Wir lieben uns selbst erst, wenn…und glauben, geliebt zu werden, wenn …?

Wenn wir abgenommen haben, gebräunt sind, ein neues Kleid tragen und die grauen (schmeichelnder Iceblond genannt, ein Esel ist grau) Haare überfärbt sind. Das ist kein authentisches Selbstbewusstsein. sondern Fremdbestimmung.

Nur die Person, die sich nicht darum schert, was die Außenwelt zu ihrem Äußeren zu melden hat, ist selbstbewusst und auch selbstbestimmend. Wir *müssen* endlich üben, uns selbst mehr Beachtung zu schenken.

Es ist also keineswegs schädlich für das Jungvolk, wenn seine Eltern nicht in der Lage sind, den allerletzten Modeschrei zu erfüllen, sondern eine echte Bereicherung und Herausforderung des Selbstbewusstseins, da die jungen Menschen beizeiten trainieren, Stärke und Selbstwert zu entwickeln, ohne dabei von materiellen Dinge abhängig oder darauf angewiesen zu sein, dass Dritte ihnen sagen, was gut oder schlecht ist.

Genügsamkeit und die Fähigkeit, sich auf das Wesentliche zu reduzieren, sind reinigende Angewohnheiten. Mit mangelnder Körperpflege hat das nichts zu tun.

Vor einigen Jahren absolvierte ich unter Anleitung einer russischen Augentrainerin Übungen für meine Sehkraft. Genau wie ein Muskelaufbau der Skelettmuskulatur möglich ist, kann sich Augentraining positiv auf die Sehkraft auswirken. Jedenfalls hatte diese Dame eine Art, sich zu kleiden, die jeder Moderegel frech trotzte. Die feuerrothaarige Frau kombinierte ihre schneeweiße Haut mit dem pinkesten Lippenstift, den die Saison hergab, trug gleichzeitig ein mintfarbenes Kostüm, ihre Füße steckten in knallroten Schuhen, und das Ganze mit einer Selbstverständlichkeit, dass es den Männern den Atem verschlug. Kein Mensch wäre je auf die Idee gekommen, diese Farbkombination würde nicht zusammenpassen. Sie kleidete sich auf diese Weise, weil es ihr gefiel, und das strahlte sie auch mit jeder Faser ihres Körpers aus.

Eine Farb- und Stilberaterin hätte sich an ihr vermutlich die Zähne ausgebissen oder sie jeglicher Ausstrahlung beraubt. Nicht *was* man trägt, sondern *wie* man es trägt, entscheidet über die Ausstrahlung.

„Liebe deinen Nächsten wie dich selbst", steht schon seit über zweitausend Jahren in der Bibel geschrieben. Vielleicht klappt es aus diesem Grund nicht mit der Liebe untereinander. Wie sehr lieben wir uns wirklich selbst? Ich bin zu dick, meine Nase ist zu groß, ich bin nicht männlich genug, mein Busen ist zu klein … Zu dick wofür? Zu groß wofür? Wen lassen wir bestimmen, was am eigenen Körper wofür taugt? Auf diese Weise lieben wir also auch unseren Nächsten? Beim Betrachten des Spiegelbilds geben nicht wir die Antwort auf die Frage, ob wir gut aussehen, sondern scheinheilige programmierte Stimmen aus der Außenwelt und der Vergangenheit. Sie sehen nur, was schlecht scheint. Eine Narbe, eine Fettrolle, eine Falte.

Was findest du schön an dir? Nur deine Füße? Dann lass dich von jemandem finden, der auf schöne Füße steht. Ich kenne Fußfetischisten, die vom Anblick, und nur vom Anblick schöner Füße!, total aus dem Häuschen geraten. Sie wären nicht in der Lage, über den Rest der Person ein Urteil abzugeben.

Das geteilte Problem ist nicht das spiegelnde Gegenüber, sondern das anerzogene Urteilen und Vergleichen.

Wer sich lieben lässt für sein Geld, den Busen oder seine Haare, verkrüppelt seelisch zur traurigen Schattennummer und fällt in seelische Abhängigkeit von Launen und Ideen oberflächlicher Begleiter.

Würdest du gerne mit dir selbst Urlaub machen? Als Fremder bei dir selbst bleiben wollen? Weißt du, dass es nicht selbstverständlich ist, dass dein Körper dir täglich Dienste leistet? Und wie unachtsam gehst du mit ihm um?

Leider erst, wenn wir krank werden, sehen wir die vielen kleinen Mechanismen, die plötzlich nicht mehr automatisch ablaufen. Es ist an der Zeit, etwas dankbarer und demütiger uns selbst gegenüber zu werden.

Bist du dir dessen bewusst, wie wir mit der Kritik am Selbst die komplette Schöpfung in Frage stellen? Was für einen Wahnsinnsweg haben wir seit der Sekunde der Zeugung zurückgelegt! Vieles hätte unserer Mutter zustoßen können bis zu der atemberaubenden Geburtsminute, die Anreise, in der für jeden Menschen ein ganz besonderer Stern im Osten aufgeht, der Einfluss auf den Verlauf seines Lebens nehmen kann (Aszendent). Und bis zu der unbekannten Abreise, den für niemanden, der je lebte, zu verhindernden Tod, lauern ebenfalls Gefahren. Wir sind eine Idee des Universums, die Wirklichkeit wurde, weit wundervoller und einzigartiger, als ein rationaler Verstand es zu fassen vermag.

Gerade *muss* ich an die fantastische Nachstellung des Ur-Knalls im Jahr 2010 denken. Stolz breitete sich im Kreis der Wissenschaftler aus. Gratulation und Danke dem Universum, dass es nicht zu heftig applaudiert und die Menschen vor Lachen von der Erde geschüttelt hat. Da lägen gleich alle Planeten mit im Dreck. Die selbsternannte Krönung der Schöpfung hat ein neues Spiel zur Selbstbeweihräucherung gefunden.

Die Demut vor dem Großen Ganzen ist im Kampf, besser sein zu *müssen,* verloren gegangen. Wer will sich noch verbeugen und staunen, sich wundern über Unerklärliches, Unerforschbares – einfach nur glauben?

Wenn das Zusammenleben fruchtbar ist, geben Menschen sich gegenseitig ihre wahre Identität zurück. Sie lassen sich so, wie sie sind, waren oder sein sollten. Ohne zu *müssen.* Nur das jeweils andere führt uns zu uns selbst.

„Kein König über mir, kein Knecht unter mir."

So lautet ein schamanisches Sprichwort. Leider ist dieser Prozess bis zu dem Punkt, an dem wir ds Spiegelbild finden, manchmal lang und schmerzhaft.

Und ein anderes Sprichwort sagt:

„Die Schönheit des Landes liegt hinter den Augen des Menschen."

Wenn echte Gefühle überwältigen, liegt dann nicht auch die Schönheit eines Menschen hinter den Augen des liebenden Betrachters, komme, was da wolle?

Fragen an das Innere Kind

- Wann wurde dir zum ersten Mal bewusst, dass der Mensch, der mehr hat, auch mehr wert sein soll?
- Wer gab dir in deiner Kindheit das Gefühl, etwas Besonderes zu sein?
- Wodurch zeichnet/e sich das Selbstbewusstsein dieses Menschen aus?
- Was verstehst du unter Selbstbewusstsein genau, und welche Dinge sind in diesem Zusammenhang für dich unverzichtbar?
- Wie würdest du dich fühlen, wenn man dir alle diese Dinge stehlen würde?
- Wie glaubst du, fühlen sich Menschen, die diese Hilfsmittel nie zur Verfügung hatten?
- Was würde sich auf dieser Erde ändern, wenn alle Menschen die gleichen Hilfsmittel zur Stärkung ihres „Selbstbewusstseins“ zur Verfügung hätten?
- Wie vermittelst du Freunden oder Kindern Selbstbewusstsein, und wie beständig ist das in ihrem Inneren?
- Was ist deiner Meinung nach falsch an deiner Person?
- Wer bemängelt diese Punkte ebenfalls?
- Du bist ein einzigartiges Wesen! Mit welchem Blickwinkel erlauben sich Außenstehende Kritik an dir?
- Was ändert die Meinung dieser Personen an deiner Situation?
- Wer gibt in Wirklichkeit die Antworten, wenn du vor dem Spiegel Kritik an dir übst?

- Wie wichtig sind kritische Kommentare der Menschen noch zum Zeitpunkt deines Todes?
- Wer sah einmal für andere Beobachter unmöglich aus, warum mochtest du diese Person trotzdem, und was sagte dein Inneres Kind dazu?
- Wie wichtig wäre deine Optik noch, wenn dein Körper dir plötzlich alle Dienste versagen würde?
- Wann hast du dich das letzte Mal bei deinem Körper für seine Leistungen bedankt?
- Wer hat die Macht, für dein seelisches Gleichgewicht zu sorgen?

☆☆☆

Ich danke meinem Körper für seine Dienste.
Mein Körper, mein Geist und meine Seele
befinden sich in friedlicher Balance.

☆☆☆☆☆

Wa(h)re Menschen

Während der Kindheit bereits durch das Umfeld geprägt, greift später in der Partnerwahl ein Großteil der Menschen auf gesellschaftliches Lametta zurück, ohne darüber zu reflektieren, ob sie ein Objekt der Liebe oder der Begierde sein möchten.

Weil nur sie oder er auf dem Ü-30-Parkett und anderen modernen Vermittlungsplattformen das Rennen macht, wenn es verstanden wird, das Beste aus sich herausholen.

Hast du dich inzwischen entscheiden, wofür du geliebt werden willst?

Verstehe mich nicht falsch! Bisher binde ich mir auch keinen Pferdeschwanz auf die Stirn und male grüne Punkte ins Gesicht dazu, um zu sehen, ob jemand meine inneren Werte erkennt. Nicht zufällig wählte ich im Alter von neunzehn Jahren den Beruf als Fitnesstrainerin.

Aber ist die eitle Maskerade nicht ein wenig zu viel Schauspielerei?

Wie um alles in der Welt schafft es ein Mensch, die Täuschung im Alltag aufrechtzuerhalten?

Jeder präsentiert sich in der Phase des Kennenlernens von seiner besten Seite, niemand so, wie er wirklich ist. Feiernd gehen wir uns gegenseitig locker, tolerant ins Netz wie die Fliege der süß verlockenden, aber fleischfressenden Pflanze. Flirten und das dabei vermittelte Gefühl, nicht nur einfach Lieschen Müller oder irgendein männlicher Tollpatsch zu sein, werten das Ego auf. Wir werden zu Hause also nur verkannt! Der Retter ist endlich auf der Bildfläche erschienen.

Anscheinend läuft dieser liebestolle Vorgang, ein Gemisch aus hormonellen Prozessen und Kindheitsvorlieben, bei fast allen Menschen gleich ab.

Erfrischend erlebte ich einen Kumpel, umringt von netten Damen, deren Interesse nicht zu übersehen war. Ich traute meinen Ohren kaum, als er lauthals dem weiblichen Geschlecht einen Vortrag über sein Wesen zum Besten gab.

„Ich habe ein unheimlich kleines Glied und bin total ungeschickt im Bett. Außerdem benutze ich kein Deo und lasse meinen körperbetonten Bedürfnissen freien Lauf."

In null Komma nichts stand der Adonis mutterseelenallein vor seinem Getränk, und den ganzen Abend näherte sich nicht mehr ein einziges weibliches Wesen. Er jedoch grinste nur und sagte: „Es war keine dabei, die mich wirklich mochte und bereit war, hinter die Fassade zu blicken." Er hatte im übertriebenen Maß seine Unvollkommenheit zu Schau gestellt, und das senkte den Marktwert von jetzt auf gleich.

Nach dem Besuch einer erotischen Man-Stripshow wünschte ich meinen Freundinnen, die kaum aus dem Schwärmen herauszubringen waren, sie dürften diese Manneskraft eine Woche in ihr Leben importieren.

Korrekt, dass es inzwischen ausgleichende Unterhaltung für Frauen gibt. Männer werden vielleicht bald nachempfinden, wie ihre Partnerinnen sich fühlten, als sie nach einem inspirierenden Männerabend ins Bett fielen, als träumten sie von einem anderen, spannenderen Leben. Doch keine Angst, Männer. Diese Phantasien eurer Frauen würden dem normalen Dasein so wenig standhalten wie die eigenen. Der enorme Aufwand, der im Showgeschäft betrieben wird, Männern und Frauen die Nase lang zu machen und wieder einmal Unzufriedenheit zu schüren, ist nicht im Ansatz alltagstauglich. Jede Sekunde des Tages dreht sich bei Narzissten alles um den Superkörper. Außerdem verfügen sie über einen äußerst ausgeprägten Egoismus. Sie sind sich sämtlicher Anforderungen des Menschen bewusst, und noch stärker behindern die Bedingungen, die sie an sich selbst stellen, um sich angeblich wohlzufühlen, beziehungsweise sich wertvoll zu empfinden. Auch sie sind Sportler, Bodybuilder. Der erste Gedanke des Tages gilt ihrem Training, gefolgt von Ernährung, Bräunung, Enthaarung, Posen, Tanzen, Kleidung, Friseur, pharmazeutischen Hilfsmitteln …

Der zweite Satz könnte lauten: „Kannst du mal …?" Weil ihnen klar ist, dass dieses Spektakel ohne Unterstützung kaum zu bewältigen ist, geschweige denn, genügend Raum lässt, um liebevoll auf einen anderen Menschen einzugehen. Kerngesund und frei von eigenen Bedürfnissen *muss* das Gegenüber sein, um daneben bestehen zu können.

Belassen wir es beim oberflächlichen Beschauen der optischen Täuschungen und richten den Blick großzügig und liebevoll auf den eigenen Partner. Dort sind wir im Gegenzug ebenfalls keine Perfektion schuldig.

Haben wir mit den gesendeten Körpersignalen die Blicke auf uns gezogen, ist das Spiel eröffnet. Die Geschlechter herzen, reden, schunkeln, alles läuft so viel beschwingter als im grauen Alltag der aktuellen oder schon verflossenen Partner.

Später, wieder allein, bekommen wir die vielversprechenden neuen Bekanntschaften oft nicht mehr aus dem Kopf, und dieser wallende Spuk bringt schon mal normale Familien durcheinander.

Am liebsten würden wir gleich mit der neuen „Seelenverwandtschaft" nach Hause pilgern und auf der Stelle zusammen wohnen. Dabei wäre das in der Tat die effektivste Chance, wieder klar im Kopf zu werden.

Wir sollten ins Grübeln darüber geraten, was die eigene Zutraulichkeit über unser Innenleben preisgibt, wenn ein fremder Mensch nach einigen Stunden die Möglichkeit hat, Zugriff auf intimste Dinge zu nehmen oder sich selbst wie eine Bonbontüte abschleppen zu lassen. Spaß *muss* sein, doch tragen wir im Zeitalter von Aids, steigender Zahlen von Syphilis und Hepatitis nicht ein wenig mehr Verantwortung für gewählte Sexpartner? Und welche Rolle spielt der Stolz, die Würde, im Dasein eines Menschen, oder ist alles nur noch griffbereite Ware? Verbitten würden wir es uns, wenn eine kurze Bekanntschaft sich unaufgefordert am heimischen Kühlschrank bediente, aber an unseren Körper lassen wir sie schon nach einigen Stunden „All you can eat".

Sex to go! Einfach zum Mitnehmen. Wenn die Einsamkeit so weit treibt, dass wir extrem leicht zu haben sind, scheint die aktuelle Lebenssituation überdenkenswürdig.

Vor allem verlangt die Selbstkritik, nachdem wir in uns gegangen sind, Zurückhaltung mit Kommentaren über professionelle Liebesdienste. Prostituierte bestreiten den Lebensunterhalt mit dem gleichen Akt, den wir umsonst zu geben bereit sind. Ein teures, verkanntes Geschenk!

Komplimente treffen mitten ins Seelengefüge, lässt es jauchzen vor Freude. Kein Wunder, denn alles wird im normalen Tagesablauf so selbstverständlich zwischen langjährigen Lebensgefährten, und plötzlich kommt wieder ein Mensch daher, der anscheinend die Fähigkeit besitzt, ins Herz zu schauen.

Stellen wir uns noch einmal die ehrliche Frage, wofür wir eigentlich geliebt werden wollen, wackelt die neue Liebe bereits ein wenig.

Was sagen Komplimente aus, wie: „Du hast die Haare schön! Deine Figur ist atemberaubend! Deine Augen faszinieren mich! Dein Po ist so geil ...!"

Das ganze Blabla steht dafür, dass dich der Betrachter gerade in diesem Augenblick „liebt“, dafür, dass du in dieser Hose sexy ausschaust oder deine Haare einen schönen Ton haben, deine Brust dem Betrachter ins Auge sticht. Du groß gewachsen bist, kräftige Arme hast, dein Handgelenk eine kostbare Uhr ziert oder deine vollen Lippen so schön lächeln.

Wie *musst* du es später interpretieren, wenn die Komplimente ausbleiben? Siehst du dann automatisch hässlicher aus? Nein! Aber gewiss fühlst du dich dementsprechend.

„Ich habe die perfekte Frau gefunden“, trällerte ein Freund.

„Oh je, die Arme“, überlegte ich. „Wie wird sie seine gewünschten 150 Prozent befriedigen können?“

Die Krönung dieser Oberflächlichkeiten, die ausschließlich im Kopf stattfinden, findet sich in der Fitnessszene, und die dort praktizierte Fleischbeschau wird höchstens von der Erotik-, Musik und Filmbranche übertroffen. In diesen Kreisen wird man(n) ausschließlich wegen der Sonnenbankbräune, der Haarteile, des Waschbrettbauchs und der Busengröße auserwählt. Die Mindesthaltbarkeit eines Lebewesens ist in diesem Umfeld nur ein Moment. Genau wie in normalen Neubeziehungen sind auch hier die Gespräche interessanter, das Verständnis und der Sex besser.

Am Sex und an der erhöhten Bereitschaft, sich zu paaren, bemessen eine Reihe Leute die Intensität der Liebe. Sie sind stolz darauf, dass ihr/e Partner/in kaum die Finger von ihnen lassen kann. Doch wehe, diese Lust schwindet. Sofort wird die abflauende Libido persönlich interpretiert: „Du findest mich nicht mehr sexy. Ich bin nicht mehr begehrenswert für dich. Bin zu dick. Du liebst mich nicht mehr.“ Aus mancher „Nymphomanin“, aus manchem „Dreamboy“ modellierte der Alltag eine Couchpotato. Standhaft versuchen uns eifrige Geschäftsleute einzureden, dass sexueller Müßiggang zu keinem Zeitpunkt akzeptiert werden *muss*. Wir sollen nicht zufrieden sein!

Sicher *müssen* die Beteiligten sich eher sorgen, wenn der Sextrieb sich verselbstständigt und aus intimen Pflichtübungen besteht.

Vor einiger Zeit debattierten einige Männer an der Studiotheke, wie häufig Sex in der Woche „normal“ sei. Die Meinungen schwankten zwischen 2- bis 4-mal pro Woche.

Mir stellte sich die Frage, wer das überhaupt zu entscheiden hat. Leider schaffte ich es nicht mehr rechtzeitig aus der Schusslinie, und meine Meinung als langjährige Trainerin war plötzlich auch in diesem „Sport“ gefragt. Ich wollte sie nur ungern ihrer Illusionen und der Verlässlichkeit wiederkehrender Vorgaben der Medien berauben, aber ich dachte auch an ihre Frauen zu Hause, die den Quantitätswahn über sich ergehen lassen *müssen*, also lautete meine Antwort: „Jungs, ganz ehrlich, ich glaube, dass im Alltag schnell zwei bis drei Wochen verstrichen sind.“

Augenblicklich gefror die Luft.

„Mal ist der eine übermüdet, dann der andere. Mal ist ein Kind krank oder einer der Partner. Manchmal gibt es Probleme im Job oder mit den Finanzen. Oft genug fällt man(n) am Abend einfach nur resigniert ins Bett. Und da lasst ihr euch von den Medien obendrein einreden, dass in euren Partnerschaften etwas nicht in Ordnung sei? Jedes Kaninchen, jedes Mäuschen im Feld hat Sex. Wer sagt den Tieren, was richtig ist? Warum machen wir Menschen aus Natürlichem ein großes Ding? Tut es, wenn ihr Lust darauf habt, und wenn einer der Partner nicht möchte, dann eben ein anderes Mal. Lasst euch doch nicht die Dauer und Art des Liebeslebens von profitgierigen Sexspielzeug- und Pillenherstellern diktieren.

Sex mit hohem Schwierigkeitsgrad ist anscheinend inzwischen die Devise, doch lange kein Garant für Glückseligkeit.

Überall wird der Mensch auf seine Leistung reduziert. Öffnet diesem Druck nicht auch noch die Schlafzimmertür."

Sex, der ja nun mal zur Fortpflanzung dient, funktioniert seit Tausenden von Jahren, hat die Arten erhalten, und nun kommt die Industrie daher und sagt uns: „Hallo, ihr macht da was falsch mit dem Sex, und außerdem könnt ihr nicht lange genug!", und ziehen auch gleich die Hilfsmittel aus dem Köfferchen, damit wir es besser machen. So liebt man richtig!

Nichts bleibt mehr der eigenen Phantasie überlassen. Kaum zu glauben, wie die Evolution bis hierher ohne Silikonspielzeug fortschreiten konnte. Was kommt dabei heraus, wenn Männer ihre sexuellen Wünsche mit Kumpels durchkauen und die weiblichen Gegenstücke eigene Sehnsüchte am Frauenabend besprechen. Das sind, glaube ich, die falschen Adressen zur Befriedigung geheimer Wünsche zwischen zwei Liebenden. Es entstehen zwei Lager. Gemeinsam bewältigen wir das Leben einfacher.

Hast du schon mal die Gesichter der Zuschauer im Kino beim Betrachten einer Liebesszene beobachtet? Meistens sieht der Gast nicht wirklich viel von den nackten, sich windenden Körpern, nur Ausschnitte. Die Zärtlichkeiten zwischen den Darstellern sind nur angedeutet, selten werden Hardcoreszenen wie in Pornofilmen gezeigt, und doch schmelzen die Besucher dahin und fragen sich, warum sie so viel Leidenschaft nicht empfinden. Wir erlebten diese

Dinge früher auch bereits. Erinnerst du dich an den Anfang deiner Beziehungen, vielleicht sogar an deine erste Liebe? Unschuldige Gefühle und unbedarfte Annäherung.

Jede Berührung, ein Streifen der Haut waren knisternde Momente, „Blümchensex" befriedigend. Und auf einmal ist alles langweilig. Die Unzufriedenheit bringt uns auf die tollsten Ideen. Warum wir trotz der ganzen Hilfsmittel und Pornovorgaben noch immer nicht zufrieden mit unserem Sexleben sind, immer meinen, noch eins oben draufsetzen zu *müssen*, *müssen* wir selbst beantworten.

Es verhält sich ebenso wie mit sämtlichen Lebenslagen, in denen wir von fremdem Geschwafel verrückt gemacht werden und uns in den Vergleich drängen lassen. Wir stellen die eigene Person infrage, werden weiter unzufriedener.

Tatsächlich traute sich ein einziger gestandener Mann, mir beizupflichten und meinte: „Im Alltag ist nicht nur schnell eine Woche vorbei, es sind auch mal schnell zwei Monate vorbei." Plötzlich meldete der nächste sich zu Wort: „Nach der Geburt unserer Tochter hatten wir ein ganzes Jahr keinen Sex. Das war bei befreundeten Familien stellenweise nicht anders."

Mit gehobenen Ansprüchen ist der Traum von der großen Liebe schnell zu Ende geträumt, denn genau wegen dieser künstlich aufgebauschten Kriterien wird ein Mensch wieder ausgetauscht, manchmal nur, weil zufällig eine/einer vorbeidackelt, der/die etwas „besser" ausschaut, das hochtrabende Schauspiel noch exzellenter beherrscht.

Im kleinen Stil spielen die Paare Barbie und Ken für Erwachsene.

Daher lieben wir Promiklatsch und Soaps so sehr. Das Leben der Stars bietet so viel mehr „Lebendigkeit“ als das triste eigene, und alle sehen dabei so verblüffend blendend aus. Eine perfekt konstruierte Scheinwelt. Mehr Schein als Sein, behauptet schon der Volksmund. Der ganz normale Alltag, ohne Schminke und Fassade, das ist die Echtzeit, in der wir später mit dem/der Partner/in überleben *müssen*.

In Echtzeit zeigt sich, wie tief die Gefühle in Wahrheit füreinander sind. Leider scheint eine gewohnte heile Welt erst einen Wert zu bekommen, wenn das Schicksal böse zugeschlagen hat, wir krank sind oder ein Mensch verlorenging; wenn der ganz normale Alltag nicht mehr funktioniert, wird der Luxus der einfachen Dinge neu entdeckt. Normalität, einst undankbar, unbeachtet, wird auf einmal ersehnt.

Die Auflagen der Klatschzeitungen steigen weiter an und sind ein Barometer dafür, wie stupide die Menschen ihr eigenes Leben empfinden.

Eine Freundin konsumierte über Jahre auffallend häufig diese bunten Blätter. Dauernd verglich sie sich mit irgendwelchen „Schönheiten“ und „Missen“ aus dem Promilager und bemühte sich, im Styling nicht nachzuhinken. Ich wusste, dass ihr Freund sehr viel Wert auf perfektes Aussehen legte und es nie dulden würde, wenn seine Partnerin an Gewicht zulegen oder diverse Alterserscheinungen sichtbar würden.

Eigenhändig riss er sich täglich pingelig die Anfänge seines langsam heller werdenden Schopfes aus.

Urplötzlich beendete die Frau die Beziehung, zeitgleich erlosch das Interesse am Promiklatsch. Sie hatte sich frisch verliebt. Anscheinend in einen Mann, für den die vollkommene Optik der Frauen nicht ganz so maßgebend war. Eine Weile später hörte sie sogar damit auf, dem Enkelkind zu verbieten, Oma nach ihr zu rufen. Aus dem einstigen „Schimpfwort" wurde Stolz.

Zuschauer sollten Miss/Misterwahlen so lange boykottieren, bis sichergestellt wird, dass die Anwärter/innen weder kosmetische OPs durchlaufen, noch irgendwelche Medikamente zur Figuroptimierung eingeworfen haben. Streng genommen müssten sie mit natürlicher Haarfarbe und ungeschminkt antreten. Hilfsmittel sind kosmetisches Doping, und es gewinnt der/die, die gründlichrt manipulieren kann, genauso, wie im Leistungssport. Im Grunde genommen stehen die Preise den Stylisten, Ärzten oder Trainern zu.

Ein Dealer gewann seine hormonfixenden, muskelsüchtigen Kunden mit dem Slogan: „Es gewinnt der Sportler, der die besten Medikamente einfährt!"

Als ich in den Zwanzigern war, machte mein Freund gerne in fröhlicher Runde herbe Witze über meine unersättliche Aufmerksamkeitssucht. Dauernd löcherte ich ihn, trotz einiger gemeinsamer Jahre, warum er dieses oder jenes nicht tat, damit ich mir seiner Liebe auch wirklich sicher sein konnte.

„Tatiana, was soll ich denn noch tun, damit du mir endlich glaubst? Soll ich etwa ein Lagerfeuer vor unserem Bett entzünden, am Abend mit einer Gondel durchs Schlafzimmer paddeln oder Rosenblätter auf dein Laken streuen?“

Die feuchtfröhlichen Freunde amüsierten sich jedes Mal köstlich über die Zugabe seiner schauspielerischen Darbietungen.

Aber der Witz ist das Loch, aus dem die Wahrheit entspringt. Die Sache war todernst. Einige Jahre später beendeten wir die Beziehung, weil mir ein anderer Mann die Nase lang gemacht hatte, von dem ich glaubte, er könnte mir endlich das erlösende Seelenheil verschaffen.

Die Aufwachphase ließ nicht sehr lange auf sich warten. An dem Menschen vorher war nichts verkehrt, ich war diejenige, die sich selbst nichts geben konnte, ein leeres Gefäß, das von außen, von anderen Menschen, gefüllt werden *musste,* um sich vollwertig oder gut genug zu fühlen. Welche Abhängigkeit!

Neue Besen kehren gut. Im Anfangsstadium schneit es Blumen, es regnet süße Zettel, SMS, Emails und allerlei Gesülze.

Da kann der abgetragene Partner nicht mithalten. Wir glauben, schon alles voneinander zu wissen und meinen, längst am Ziel zu sein. Meinen wir! Derartiges Denken ist ignorant und arrogant. Niemand kennt einen anderen in- und auswendig.

Es war einmal ... Begann die alte Liebe nicht genauso? Startete mit bemühenden, liebevollen Botschaften, Zuwendung?

Genauso! Und meistens endet die neue Beziehung exakt wie die in Ungnade gefallene Liebe.

Es mag unüberwindbare Differenzen zwischen Menschen geben, auch Gewalt, Sucht oder wirtschaftliche Probleme, die bei Trennungen eine entscheidende Rolle spielen können, doch meistens entzweien sich die Gemüter aus nichtigen Gründen.

Wir schimpfen das Gegenüber unaufmerksam. Es geht darum, dass wir nie Blumen geschenkt bekommen, der Partner/die Partnerin nicht positiv über unser Äußeres spricht. Die bessere(?) Hälfte sich gehen lässt. Ist das wirklich so, oder sind wir uns tatsächlich doch so nahe gekommen, dass das wahre Wesen sich wagte, aus seiner Höhle zu kriechen und all den Egotrödel vergaß? Kleinliches Bohren nach Fehlerquellen des Partners erleichtert zunächst ungemein das Gewissen und rechtfertigt das Abhauen.

Die Vermutung, dass sich in der alten Beziehung nicht mehr viel ändert und die Hoffnung, das Gras sei woanders grüner oder wir es eine Nummer besser verdient hätten, lässt den Grund, das Fundament, vergessen, warum Liebende einst zusammenfanden, sogar eine Zeit lang zusammenblieben. Die Gier nach mehr Liebe und die Unzufriedenheit liquidieren die Harmonie. Der alte Schatten wird lästig, darum glauben Flüchtige, in dem Neuen eine Lichtgestalt zu erkennen. In Wahrheit ist es der eigene behindernde Schatten, der die Sicht trübt, dabei könnten wir mit einem einzigen Flügelschlag ins Licht der Selbstliebe finden.

Jeden runden Geburtstag verbrachte ich bisher mit einem anderen Mann. Nichts Rühmliches, waren es doch immer gute, langjährige und intensive Beziehungen. Doch irgendwann packte mich oder die Männer eine gewisse Angst, das könnte alles gewesen sein, was es zu erleben gäbe, und die Hoffnung versprach, man könnte draußen jemanden finden, der einen noch glücklicher macht und viel besser versteht. Gäbe es Abschlusszeugnisse, hätte in unseren stehen *müssen*: Sie bemühten sich stets.

Einmal hatte ich es sogar bis zum viereckigen Ei gebracht. Meiner neuen Liebe wurde von Seiten seiner Mutter stets zum Vorwurf gemacht, er suche nach viereckigen Eiern und die gäbe es nun mal nicht auf diesem Planeten, und kritisierte damit seine hohen Ansprüche an die Damenwelt. Stolz besuchte er einige Tage nach unserem ersten Zusammentreffen seine Mutter und versicherte ihr, er sei nun endlich fündig geworden.

Naive Eingebildetheit erfüllte mich, ohne zu ahnen, welche Erwartungen an diese Kürung geknüpft waren. Nach wenigen Alltagsjahren war aus dem viereckigen Ei ein ganz normales Huhn geschlüpft. Zehn Jahre später, kurz nach Ostern, lag ein neues Ei im Nest. Die Anzahl der Ecken seiner Neuerrungenschaft wird sich vielleicht später zeigen. Jedoch wünsche ich ihm weiterhin abenteuerliches, buntes Glück mit den neuen Eiern und Hühnern. Allerdings bin ich dankbar für die Freundschaft, die uns verbindet. So blieb am Ende zwischen allem Neuen etwas wertvolles Altes übrig.

Fragen wir die Spielkameraden nach der Ursache des regen Interesses an unserer Person, bekommen wir genau die Antworten, die ein wohliges Pflaster auf die verwundete Seele klebt. Sie finden uns sexy, weil wir genau die Busen- oder Popogröße haben, die sie anregt. Der Kleidungsstil zu ihrem Outfit passt oder sie eine bestimmte Haarlänge, Farbe usw. bevorzugen. Sie sich bei ihren „Freunden“ mit uns sehen lassen können. Endlich erkennt wieder ein Mensch, was wir wert sind. Ein Festmahl für die lädierte Seele.

Genau in diesem Moment *müssten* wir schon anfangen, dafür zu beten, dass sich unser Körper niemals verändern wird, denn das könnte das Ende der Beziehungskarriere bedeuten.

Menschliche Oberflächlichkeit verfügt über einen enormen Abrieb, hat einen hohen Verschleiß an Personen.

Eine „professionelle“ Dame erzählte mir von der Angst ihrer Kolleginnen bezüglich Alterserscheinungen und Zurückweisung durch Freier, bei denen sie täglich ihre Bestätigung suchen. Jedes Mädchen in diesem Milieu hat eine Geschichte, und es kommt nicht von ungefähr, dass sie diesen Beruf ausüben, auch wenn sie ihn teilweise gerne tun. Manchmal war es sexueller Missbrauch oder mangelnde Eltern-, insbesondere Vaterliebe, die sie auf diese Bahn brachte. Hier und da polieren sie ihr Ego mit der sexuellen Gier der Männer auf. Auch Geldmangel spielt eine erhebliche Rolle.

„Wir haben im Club die schönsten jungen Mädchen, die man sich wünschen kann, doch selbst wenn Freier einmal den Narren an einer Dame gefressen haben, sind sie das „Objekt“ in wenigen Wochen schon wieder leid. Man(n) giert nach Frischfleisch. Es geht gar nicht um bestimmte Frauen, sondern um Macht. Der Kunde bezahlt und verlangt nach Befriedigung seiner Bedürfnisse und Launen. In ganz privater Atmosphäre. Prostituierte haben Angst, eines Tages optisch nicht mehr zu genügen. Ihnen ist klar, wie die Uhr tickt."

Inzwischen sind Flatrate-Bordelle in Mode gekommen. Einmal bezahlen und Menschen konsumieren, so oft, wie man(n) will oder kann. Darüber bilde sich jede/r Leser/in seine/ihre eigene Meinung.

In der Regel haben die Besuche eines Bordells wenig mit Liebe zu tun. Gibt es nicht zu denken, dass selbst im „Professionellen" wenig dauerhafte sexuelle Zufriedenheit erreicht wird?

Verändern die Menschen im Hafen der Ehe tatsächlich chamäleonartig ihre äußere Erscheinung und obendrein zum Nachteil, oder lassen wir zu Beginn einer Beziehung nur zu gerne Täuschungen zu?

Nicht nur Frauen kommen in die Schusslinie der Eitelkeiten. Oft genug vernehme ich weibliche Beschwerden darüber, wie ihre Männer sich gehen lassen, der Bauch dicker wird, die Haare weiß und das Gemüt träger. Auf den Hochzeitsfotos sahen die Versprechengebenden doch noch super aus, vielversprechend eben. Wieso ist wenigen klar, dass auf der Reise, bis dass der Tod sie scheidet, einige Veränderungen eintreten? Schauten wir Blauäugigen denn nie die Eltern genauer an? Dort könnten wir die ungefähre eigene, zukünftige Wahrheit sehen!

Sich immer wieder mit dem Menschen neu anfreunden, wie er heute ist, und Achtung voreinander haben, sind zwei der wichtigsten Zutaten in der Ehespeise.

Stattdessen geben wir gegenseitige Mängelberichte durch. Das freut die Hersteller von Diätprodukten, die Kosmetikindustrie, die Textilbranche und die Schönheitschirurgie, schließlich leben sie davon. Und die Scheidungsanwälte schneiden sich, unblutig zwar, doch ebenso lukrativ, auch etwas vom Kuchen ab.

Da brauchen wir uns nicht zu wundern, wenn der/die Partner/in uns urplötzlich sitzen lässt. Wer mag sich schon auf Dauer Vorhaltungen machen lassen, was alles an ihm fehlerhaft ist?

Die nächsten Komplimentemacher liegen doch schon auf der Lauer, und das angeschlagene Selbstbewusstsein ist eine verdammt leichte Beute.

☆☆☆

Fragen an deine Glaubenssätze

- Welche Aktionen unternimmst du im Berufsalltag und in deiner Freizeit, um die Aufmerksamkeit auf dich zu lenken?
- Welche Sätze hörtest du von deinen Eltern, die begannen mit: Ein Mensch *muss* … Du *musst* ...
- Wann hast du dich schon einmal absichtlich auf deine Unvollkommenheit hingewiesen, und wie hat dein Umfeld darauf reagiert?
- Wann geriet dein Leben vollkommen außer Kontrolle, und wer stand dir in dieser Zeit immer noch bei?

- Welche Anforderungen, glaubst du, hat die Außenwelt an deine Person, und wie gerne erfüllst du sie?
- Welche Anliegen und Maßstäbe hast du an dich selbst, unabhängig von Fremdmeinungen?
- Wie viel Zeit raubt dir dein Körperkult (Sonnenbank-, Friseur-, Kosmetikstudiobesuche und Shoppingtouren usw.), und was davon ist zum *Muss* geworden?
- Wie energisch betreibt dein Umfeld Körperpflege?
- Was würde geschehen, wenn man dir und deinen Freunden alle Dinge, außer Wasser und Seife, streichen würde, und wer würde das zuerst bemerken (darunter leiden)?
- Mit welchen Mitteln ziehen Interessierte deine Aufmerksamkeit auf sich?
- Waren neue Bekanntschaften, auf lange Sicht gesehen, erfüllender als die vergangenen Beziehungen?
- Was glaubst du, könnte ein triftiger Grund für dein/e Partner/in sein, dich zu verlassen?
- Wo würdet ihr beide den perfekten Partner finden?
- Wer willst du außerdem noch sein, außer der Vater von …, die Frau von …, die Mitarbeiterin oder der Chef von …?
- Wenn eine Biographie über dein Leben verfasst würde, wie wünscht du sie dir jetzt in diesem Augenblick?
- Und wer kann diese Geschichte ab jetzt positiv beeinflussen?

☆☆☆

Mit Fröhlichkeit gestalte ich das Märchen meines Lebens selbst!

☆☆☆☆☆

Wer ist dein Spiegelbild?

Selbstwertgefühl. Selbstbewusstsein. Selbstbild. Eigenliebe.

Es ist kaum mehr möglich, bevormundeten Tipps zu diesen Themen auszuweichen. Einige Leute buchen in ihrer Unsicherheit Stilberater/innen, die ihnen helfen *müssen,* das zu ihrem Jahreszeitentyp entsprechende Outfit zu finden. Zum Segen der Berater lassen sich in den meisten Ländern deutlich vier Jahreszeiten voneinander unterscheiden.

Manchmal betrachte ich diese „neuen Jahreszeitenmenschen“ und stelle mir die Frage, ob sie sich nach der Erörterung echt besser fühlen oder ihre Persönlichkeit nun nach Anleitung vergewaltigen.

Selbst bedeutet doch, dass ich diejenige bin, die sich dafür entscheidet, dass ich gut so bin, wie ich bin, ohne nach der Meinung anderer zu fragen. Wie kurz hält das schöne Gefühl an, und wie kummervoll stimmt es, wenn ein Fremder uns sagt, wer wir sind?

Das ist der Spiegel des Teufels, die erste Geschichte im Andersenmärchen „Die Schneekönigin“.

In dieser Erzählung erschien den Menschen alles, was einst gut war, auf einmal in einem schlechten Licht.

Des Teufels Kobolde flogen sogar zum Himmel, um sich über die Engel lustig zu machen, und durch die herabstürzenden Scherben sahen die Menschen alles verkehrt oder hatten nur Augen für das Verkehrte. Die Herzen wurden zu einem Klumpen Eis.

Verglichen mit anderen, längst verblichenen Geschichten halten Märchen sich schon seit vielen hundert Jahren recht frisch, und das nicht ohne Grund. Ihr Wahrheits- und Weisheitsgehalt der versteckten Botschaften ließen die Menschen sie über Generationen nicht vergessen. Fast jeder Mensch kann sich spontan an „sein" Märchen erinnern, das ihm Trost spendete und ihn träumen ließ. Die Seele hat gute Gründe dafür, dass es ausgerechnet diese Erzählung ist, die sie berührt. Es freut und heilt das Kind in dir, wenn du dich wieder ein wenig damit beschäftigst.

Schneewittchens böse Königin befragt wiederholt in ihrer Verzweiflung und Unsicherheit den sprechenden Spiegel, der ihr, zu wahr, nur antwortet, dass Schneewittchen die Schönste sei, so lange es lebe, und die Königin fasst in krankhafter Eifersucht den Plan, es aus dem Weg zu schaffen.

Welche Stimme antwortet uns, wenn wir den häuslichen Spiegel konsultieren? Antworten die Medien, die längst ihr Schönheitsideal in den Menschenköpfen implantiert haben und mit der Mode befehlen, wie wir auszusehen haben? Oder antworten die Partner, die sich mit uns schmücken möchten, weil sie sich selbst nicht genug sind? Oder antworten die Glaubenssätze der Eltern beziehungsweise Lehrer, die selbst gelehrt wurden und inzwischen selbst anleiten, wie wir sein *müssen,* um in der Gesellschaft zu bestehen?

Ich kannte einmal eine junge Frau, die von sich behauptete: „Früher konnte mich jeder Mann haben. Alle Männer der Welt durften mich antatschen."

Auf meine Frage, welches Gefühl das in ihr ausgelöst habe, meinte sie mit satter Stimme: „Ich fand es einfach toll, dass sie mich alle gut fanden."

Sie spiegelte sich in den lüsternen Augen sämtlicher Männer, sie *mussten* dafür nur zeigen, wie sie sie begehrten. Später fanden wir heraus, dass sie sich von ihrem gewalttätigen Vater abgelehnt gefühlt hatte. Wäre sie weiter auf diesem lieblosen Weg geblieben, hätten auch die restlichen Männer dieser Erde nicht dafür sorgen können, dass sie sich jemals geliebt fühlte.

Die Unsicherheit aus der Kindheit bringt Erwachsene dazu, den Bewunderern nicht glauben zu können. Bemerkt jemand etwas Nettes wie: „Du siehst so schön aus", oder „Ich finde dich überaus männlich", dann schauen wir doch eher verschämt nach unten und trauen den Worten nicht über den Weg. Wie auch? Wenn niemand dem Individuum die Wertigkeit beigebracht hat, sich selbst zu mögen und zu achten. Ein echtes Selbstwertgefühl ist längst nicht mehr ohne Widerstand für fremde Zwecke einzusetzen, und eine der effektivsten Machtquellen der Gesellschaft würde versiegen. Freigeister lassen sich schlecht manipulieren.

Kritik, Horrorprophezeiungen und haltlose Zuschreibungen saugen wir bereitwillig auf wie ein ausgetrockneter Badeschwamm und sind sofort bemüht, das Bild zu verbessern. Leider bekamen die meisten in ihrer Vergangenheit weniger Schmeichelhaftes zu hören als kritische Stellungnahmen, die zu noch Höherem anspornen sollten, dabei wurde jedoch streng darauf geachtet, dass der/die

Heranwachsende nicht über das Ziel (die Erzieher) hinausschoss. Ja, man meinte es wirklich nur gut mit uns.

Hast du einmal beobachtet, wie du auf dein Spiegelbild reagierst, wenn du entspannt bist, mit dir im Reinen lebst, es dir gut geht?

Es gibt Tage, da schauen wir am Morgen in unser ungeschminktes Gesicht, die Männer vielleicht noch mit unfrisiertem Haar, und wir denken aufrichtig: „Ich bin gut so, wie ich bin! Eigentlich brauche ich den ganzen Firlefanz nicht."

An anderen, weniger ausgeglichenen Tagen reicht eine komplette Kosmetikpalette nicht aus, um aus diesem „hässlichen" Etwas eine einigermaßen attraktive Person zu kreieren. Dann brauchen wir jemanden, der uns aufbaut, uns die eigenen Vorzüge bewusst macht.

Doch Vorsicht! Genau dieser Zerrspiegel, die Unfreiheit der Meinung Dritter, gibt der Stimme im Hintergrund Futter für weitere Zweifel. Das leere Gefäß hat vermutlich ein Leck.

Egal, wie viele Menschen du zu deiner Person befragst, die einen gäben Millionen für dich und andere keinen Pfifferling. Das Rezept zu einem befriedigenden Dasein liegt in deiner eigenen Seele, und nur sie weiß, welche Zutaten nötig sind, um ein Festmahl aus der Zeit, die dir zur Verfügung steht, zu kreieren. Wenn zu viele Außenstehende mitwürzende Berater werden, wird deine Lebenssuppe bald versalzen sein.

Du bist der/diejenige, die mit sich täglich auskommen *muss* und dieses Gesicht mit seinem dazugehörigen

Körper, sofern keine Blindheit vorliegt, täglich sehen und waschen *musst*. Diese Person im Spiegel bleibt bis zum Schluss bei dir.

Lebten im Umfeld ausschließlich Blinde, würden die Menschen sich meiner Meinung nach vollkommen anders verhalten und stylen. Wahrscheinlich kämen sie sich nicht so beobachtet vor. Niemand würde ein Urteil zum Äußeren abgeben können. Natürlich würden wir alle auch die verwirrenden Botschaften der Außenwelt nicht sehen *müssen.*

Müssen wir wirklich auf alles reagieren, oder schauen wir aus Angst vor Andersartigkeit vergleichsweise auf die Mitmenschen, um die Option der Anpassung an die „Norm" offen zu lassen?

Wir könnten lernen, schlechte Tage auszusitzen, in der wissenden Hoffnung, dass die Stimmungslage bald besser wird, und selbst der Fröhlichkeit ein wenig auf die Sprünge helfen. Alles andere wird zu einem nicht endenden Spießrutenlaufen wie bei der Königin in Schneewittchen.

Sehe ich Schönheiten wie Marilyn Monroe, James Dean oder Romy Schneider vor mir, macht es mich betroffen, wie sie alle Opfer wurden der Meinungen Dritter, die sie nur konsumieren wollten und ihnen diktierten, wer sie sein *müssten,* um geliebt zu werden. Um jedem zu gefallen, reichten die Bemühungen nicht. Selbst diese „Perfektionen" zerbrachen seelisch an dem vernichtenden Urteil ihrer Mitmenschen. Zum Schluss hatten sie kein eigenes Spiegelbild mehr.

Es wird immer Menschen geben, die nach der Meinung anderer als etwas „Besseres" scheinen. Die einen sind jünger, dünner, muskulöser, reicher, lustiger, lockerer, bestückter …

Doch jeder Mensch bleibt ein Einzelstück, eine Besonderheit. Kein Lebewesen ist zur gleichen Minute am selben Ort geboren wie du. Keine Seele durchlebt dieselben Momente wie du. Niemand lacht dasselbe Lachen, weint dieselben Tränen wie du. Kein anderes Wesen schaut durch deine Augen oder hört durch deine Ohren.

Fremddokumentationen über unser Antlitz schenken kein echtes Selbstbewusstsein. Sie sind Fremdbewusstsein, Fernsteuerung in reinster Form, und speisen verzerrte Selbstbilder, treiben in Schlankheitswahnsinn, Bulimie, Androxy oder in die neu entdeckte Muskeldysmorphie[1*)]. Je nach Umfeld.

Bisher waren hauptsächlich Frauen von Schönheitskrankheiten betroffen, leider rücken die Männer seit mehreren Jahren auf. Ich fand es schon immer schade, dass Mädchen und Frauen sich ohne Widerstand von der Schönheitsindustrie mitreißen lassen, und mit Bedauern beobachte ich nun die bisher immunen Männer, dass sie sich nun ebenfalls vermitteln lassen, sie seien so, wie sie geschaffen wurden, nicht in Ordnung. Zum Wohl der Umsätze funktioniert das Eindringen in Männergehirne genauso leicht. Oder ist es vielleicht ein wenig die kleine Rache der Frauen, indem sie mithelfen, den Männern ihre Unvollkommenheit zu suggerieren, sie drängen, mal was für sich tun zu *müssen*? Wieder ein Spiegel des Teufels?

1*) Muskeldysmorphie: Störung des Selbstbildes, vorwiegend bei Männern, die eine unzureichende Ausprägung der eigenen Muskulatur, gemessen an einer persönlichen Idealvorstellung, behauptet (Quelle: Wikipedia).

Schließlich *mussten* sie sich jahrelang anhören, was ein Weib alles tun *muss,* um begehrenswert zu bleiben, und *mussten* mit ansehen, wie das Verlangen und die Unzufriedenheit der Männer geschürt wurden.

Über Jahre hatte die Mutter einem jungen Klienten eingebläut, wie seine Zukünftige sein *müsste*: in der Küche eine gute Köchin, im Alltag die beste Freundin und im Bett eine Hure.

Der anspruchsvolle Kerl, inzwischen nicht mehr ganz so jung, sucht noch immer nach dem Ideal. Ja, das Alter macht irgendwann ohnehin einen Strich durch wahnwitzige Eitelkeit. Zum Trost: Die anderen altern auch! Dann werden nicht mehr so viele Augen auf uns liegen, zum Teil, weil Gleichaltrige bereits verstorben sind und das Jungvolk, wer will es ihm verdenken, sich lieber an frischem Fleisch reibt.

Spätestens im Alter wird uns das Arrangement mit dem eigenen Ich gelehrt.

Mittlerweile haben diverse Frauenzeitschriften den Markt erobert, und es wird dafür gesorgt, dass die Weiblein glauben, die dort abgebildeten Schönheiten seien weniger nachlässig als die auf der heimischen Couch.

Wir treffen selbst die Entscheidung, auf die nächste optische Täuschung einzusteigen.

In jungen Jahren unternahm ich einige kleine Abstecher ins Modelleben. Die technischen Möglichkeiten der Fotomanipulationen waren damals längst nicht so weitreichend wie im einundzwanzigsten Jahrhundert, aber reichten aus, um beinahe jeden Makel eines Menschen zu eliminieren. Zum Ende einer Fotosession erkannte ich mich selbst kaum wieder. Heutige Schminktechniken, Liftpflaster, Haarteile und chirurgische Eingriffe und die anschließende Computerbearbeitung sind so massiv, dass die abgelichteten Personen mit ruhigem Gewissen behaupten könnten: „Das nackte Wesen dort auf dem Bild, das bin ich nicht wirklich."

Energisch zeigte ein Kunde auf eine Fitnesszeitschrift und maßregelte die anwesenden Damen, wie ein Busen aussehen *müsste*. Auf dem Papier räkelte sich eine fast nackte Sportlerin, bestückt mit mindestens Körbchengröße C, deren Busen wie halbe Kokosnüsse aus dem Bild ragten und die Brustwarzen den Betrachter zu erstechen drohten. So also hatte eine weibliche Brust auszusehen. Daran sollten wir Frauen uns mal ein Beispiel nehmen.

Mir reichte sein überheblich abwertender Ton schon seit einiger Zeit, und die aktuellen, unqualifizierten Anspielungen waren mir eine willkommene Einladung, ihn in die Schranken zu weisen. „Mein lieber guter Mann, schon gehört, inzwischen gibt es auch Hodenimplantate!"

„Was soll das denn jetzt heißen?"

„Das soll heißen, dass es deinem Gehänge, diesen vielleicht 50 Gramm, zwischen deinen dünnen Beinchen es schon nicht gelingt, der Erdanziehung zu trotzen, und ihr Männer verlangt von einer Frau zwei Busen á 1000 Gramm, die wie Betonpfeiler in die Lüfte ragen. Also, Junge, wann ist dein OP-Termin?"

Er beschimpfte mich als die perverseste Person, die ihm je untergekommen sei, und zog beleidigt ab. Einige

Tage später sprach mich seine Lebensgefährtin an, was ich mit ihrem Mann gemacht hätte, er sei so kleinlaut vom Training nach Hause gekommen und mäkle die letzte Zeit gar nicht mehr an ihrer Figur herum.

Ein Freund, ebenfalls in der Fitnessbranche eingespannt, ließ sich gerne für sein „perfektes" Aussehen loben und lieben. Danach wählte er jahrelang seine Frauen aus. Natürlich durfte die Angebetete ebenfalls nicht zu markante Mängel aufweisen und *musste,* um an seiner Seite existieren zu können beziehungsweise zu dürfen, gewisse optische Kriterien erfüllen. An diese selbst auferlegten Regeln stört sich nur leider die menschliche Natur nicht, also kann auch kein Lebewesen auf Dauer diesen Maßstäben trotzen. Schon wegen kleinster Veränderungen, die das kritische Auge des Betrachters regelrecht piesacken, werden fliegende Wechsel vorgenommen. In diesen Kreisen finden sich meist die Richtigen, die einander verdient haben, und sie spiegeln sich teuflisch.

Täglich wird sich hofiert, ein gegenseitiges Halleluja gesungen. Bis einer von beiden eines Tages nachlässig wird oder der Zahn der Zeit beginnt, Streiche zu spielen und den Narzissmus des Gegenübers nicht mehr sorgfältig ernährt. Spätestens dann wird das neue „Spieglein" nicht mehr lange auf sich warten lassen.

Ich habe bereits einige befragt, die niemals altern wollten, wofür sie eigentlich geliebt werden möchten. Meistens sind dann verwirrte Blicke die Reaktion, ohne Anstalten, mir zu antworten, also werde ich dann etwas provozierender.

„Was ist mit deiner Schönheit, wenn du gleich auf dem Nachhauseweg einen schweren Unfall hast, mit dem Gesicht in die Windschutzscheibe knallst und Tage später mit einer entstellten Visage in der Klinik erwachst?

Was wird dein figurbewusstes Gegenüber tun, wenn dich urplötzlich eine Stoffwechselkrankheit ereilt und dein Körper aus den Fugen gerät?“

Nein, natürlich haben wir keine Probleme mit behinderten Menschen. Warum werden wir trotzdem in ihrer Anwesenheit ganz unruhig und unsicher, wie wir uns zu verhalten haben? Weil wir nicht wissen, wo wir hinschauen sollen. Denn würden wir schauen, spiegelte das Bild die eigene pure Angst davor, was jedem Lebewesen zustoßen könnte. Wie antwortet wohl die oberflächliche Liebe nach einem Unglück auf die Frage: „Wofür liebst du mich? Warum bist du bei mir?"

Mit Sicherheit werden wir alle Veränderungen durchmachen, ob wir das nun begrüßen oder nicht, und selbst die beste Antifaltencreme und die emsigsten Trainingseinheiten werden nicht verhindern, dass das Fell eines/einer 45jährigen anders ausschaut als das der 20jährigen. Unsinn, sich dagegen zu wehren.

Wohin flattert die große Liebe davon, die ausschließlich durch die äußere Hülle gefestigt ist?

Mit diesen banalen Fragen sind die schwersten Jungs und die knackigsten Mädels für den Rest des Tages konfus zu machen, und es verstreichen fast immer einige Tage, bis sie wieder ein Gespräch mit mir suchen. Ich möchte sie nicht entmutigen, etwas für ihren Körper zu tun, nur anregen, sich nicht ausschließlich auf ihren Körper reduzieren zu lassen und über ihr Leben als Ganzes zu reflektieren

Mein Lebensgefährte hat eine ganz eigene Erklärung für die wachsende Unbeständigkeit der Zweisamkeit. Er ist der Meinung, dass Krieg und Not die Menschen früher besser zusammenhalten ließen und steigender Wohlstand die Gemüter entzweit. Niemand braucht mehr den anderen. Geht es uns jedoch plötzlich ans Leder, hoffen wir nur zu sehr, dass der Partner sich nicht aus dem Staub macht. Auf einmal ist er/sie uns gut genug. Mit einem Gebrechen ahnen wir schon, wie der Wert eines Menschen innerhalb der abgestumpften Gesellschaft in den Keller geht, und so mancher ging geläutert aus schweren Krisen hervor.

Auch dafür hat der Volksmund seine Lehren parat.

Wenn es dem Esel zu wohl wird, geht er aufs Eis.
Wenn die Kuh satt ist, schmeckt der Hafer bitter.

Oder es macht jemand zu große Sprünge und will zu hoch hinaus.

Ganz frech drückten es die alten Bauern aus mit der Bemerkung

Wenn Mist zu Pfeffer wird,
will er getragen oder gefahren werden.

An Bedingungen geknüpfte Zuneigung sollte, nein, *müssen* wir uns dringend abschminken, sonst wird es im schönen Liebesparadies immer wieder Ärger geben.

Denn die Reise ins glückliche „Wir" führt nur über ein zufriedenes Selbst.

☆☆☆

Fragen an dein Spiegelbild

- Welches Märchen ist dein liebstes, und weißt du inzwischen, warum es dich berührt?
- Welche Tage sind es, an denen du dich ohne Styling akzeptieren kannst? Führe einige Monate Notiz darüber, du wirst dich über das Ergebnis wundern!
- Was tatest du bisher Gutes für dich selbst, wenn du dich unwohl fühltest, und wie hast du dich in letzter Zeit vernachlässigt?
- Wer berät dich in Sachen Outfit, und was würde geschehen, wenn es ab sofort eine andere Person übernähme?
- Wie lange klingen Beschwichtigungen, dein Aussehen betreffend, positiv oder negativ, im Inneren nach?
- Was glaubst du, welches Lebewesen dir bisher in die Seele geschaut hat und nicht ausschließlich auf den Körper?
- Wie schnell vergehen die Schmetterlinge im Bauch nach Beginn einer neuen Beziehung?
- Wie leicht bist du deiner Meinung nach optisch von Personen zu täuschen?

- Wie lange wird es wohl dauern, bis dein Gegenüber Fehler an dir entdeckt?
- Wie schnell dürfen Menschen deinen Körper oder Geist konsumieren?
- Warum, glaubst du, lässt du dieses Tempo zu?
- Wer *muss* oder wäre bereit, unabhängig von deinem Aussehen mit dir auszukommen?
- Wie denkst du wirklich über die natürliche Sexualität von Lebewesen?
- Welche Personen erscheinen dir perfekt, und sind sie das wirklich?
- Was empfindest du für Menschen, die nicht so viel „Glück" hatten?
- Wen kennst du, der/die sich seit vielen Jahren optisch nicht verändert?
- An welche Personen denkst du bei dem Thema „In Würde altern", und was unterscheidet sie von ihren Mitmenschen?
- Wie könntest du es erreichen, dich selbst so anzunehmen, wie du bist?
- Was macht dich zu einem Unikat und dein Leben so besonders?

☆☆☆

Mit Liebe betrachte ich meinen Körper.
Er ist hier auf Erden das Zuhause meiner Seele.

Niemand hat sich selbst gemacht

Nach cirka neun Monaten Obhut im wohligen Leib der Mutter erblicken wir das Licht der Welt. Lebendige Wesen, wie sie unterschiedlicher, einzigartiger in ihrer Ausführung nicht sein könnten. In den Erbanlagen schlummern die Gene aller Vorfahren. Archäologen sind mit der heutigen Technik imstande, die Wurzeln der Lebewesen so weit zurückzuverfolgen, wie wir es uns kaum vorstellen können. Denke wir an die Analyse von Dinosaurierüberresten. Millionen Jahre sind dazwischen verstrichen, für die Moderne sind sie ein Nichts.

Schau dir deine Ahnentafel drei bis vier Generationen zurück in die Vergangenheit an. Es stellt sich als hilfreich heraus, seinen Ursprung zu kennen, um die eigene Identität besser zu begreifen. Die eigene Herkunft dreht sich nicht ausschließlich um Biologisches, sondern auch um seelisches Erbgut. Erfahrungen und Wissen werden ebenfalls weitergereicht. Hast du dich nie darüber gewundert, warum du manche Tätigkeiten ohne Mühe erledigst oder wieso gewisse Talente in dir schlummern?

Blickst du in deine Augen, versinkst du tief in die Augen deines Großvaters, deiner Urgroßmutter, deiner Ur-Urgroßeltern …

Betiteltest du je deine Mutter als hässlich, deinen Großvater als unansehnlich? Dann beleidige sie auch jetzt nicht, indem du dich wegen eingebläuter Unvollkommenheit niedermachst. Jede von diesen Personen hat dir ein wenig mitgegeben auf deinen Weg, ob du es nun glaubst oder dich dagegen sträubst, du in den Spiegel schaust und dir gefällst oder nicht, wird nichts an deiner Erscheinung ändern.

Eine ältere Dame erwähnte schmunzelnd: „Mit zwanzig haben Menschen das Gesicht, das der liebe Gott ihnen gab, und mit vierzig das, was sie verdient haben."

Natürlich kannst du das Äußere mit kosmetischen Hilfsmitteln etwas verwandeln, mit Sport aufpeppen oder deinen kompletten Körper zu einer neuen Plastik formen lassen. Und doch bleibst du im tiefsten Innersten der Mensch, der du bist. Wenn du am Morgen deinen Körper betrachtest, wirst du mit diesem Wesen, das du dort siehst, auskommen *müssen*, egal, was ein anderer Mensch von dir hält. Die einzige Person, die dich permanent, jede Sekunde deines Daseins, ertragen *muss,* bist du selbst! Lohnt es sich nicht, dafür zu kämpfen, mit dir selbst ins Reine zu kommen, statt an dem Dauerspießrutenlauf deines Umfelds teilzunehmen?

Zu der ersten wichtigsten Regel, die meine Eltern mir beibrachten, gehörte die Achtung vor anderen Lebewesen, und wären sie auch noch so anders als ich oder unterschiedlich zum Rest der Welt. Damals lauteten ihre Worte:

„Tatiana, wenn ein Mensch auch anders scheint als du, ganz gleich, ob er behindert ist oder schwarz und grün im Gesicht, du lässt die Menschen in Frieden. Es wird kein Kind gehänselt oder Witze auf Kosten einer Kreatur gemacht. Sollte ich erfahren, dass du das je tust, wirst du was erleben."

Dieser Satz prägte sich so tief ein, dass ich mich schon im Kindesalter schützend auf die Seite von Schwächeren schlug. Zum Leidwesen meiner Eltern hatten sie den Ärger eigenhändig programmiert.

„Es rennen 2000 Menschen nach rechts und eine Person nach links. Das ist meine Tochter. *Muss* das denn immer sein?"

Nun, heute würde ich dazu sagen: Wer immer mit der Herde mitläuft, schaut nur auf Ärsche.

Zugegeben, mein Sternzeichen Wassermann ließ mich in Sachen Mitgefühl und Ehre wohl etwas über die Stränge schlagen.

Man glaubt kaum, wie beeinflussbar Kinder durch das Geschwafel in den heimischen vier Wänden sind. Die Erwachsenen sollten wirklich genauer prüfen, was sie im Beisein ihrer Sprösslinge vom Stapel lassen.

Während meiner Grundschulzeit besuchten jeden Winter zwei Geschwister, ein Mädchen und ein Junge, meine Klasse. Dunkelhaarige Kinder, die mit ihren Eltern in einem Wohnwagen am Ortsrand lagerten und für diese Zeit mit mir den Schulweg teilten. Ich mochte die beiden herzlichen Wesen so gerne, dass wir uns auch am Nachmittag verabredeten. Ich erinnere mich an niemanden aus der Klasse, der sonst Kontakt mit ihnen pflegte. Manchmal vernahm ich enttäuscht die abfällige Bemerkung: „Das sind doch nur Zigeuner!"

Leider verlor ich die beiden irgendwann aus den Augen, doch ich bin mir sicher, dass tolle Erwachsene aus ihnen geworden sind. Ich war stolz auf die „Zigeunerfreundschaft".

Inzwischen traut sich die Gesellschaft zum Glück nicht mehr, Negativpropaganda über die Staatsbürgerschaft von Einzelpersonen zu starten. Es sollte nicht wichtig sein, wo jemand geboren wurde, sondern wie er sich verhält. Zunächst steht einmal ein Mensch vor mir. Dann stelle ich mir noch die Frage, warum eine Person gewisse Verhaltensweisen an den Tag legt. Vielleicht wären wir unter den gegebenen Umständen ähnlich geprägt worden.

Stattdessen sind wir zum Hobbykritiker unserer Mitmenschen geworden, indem wir ihr Äußeres und ihr Benehmen kritisieren. Dieses Schubladendenken erinnert mich an die Kasteneinteilung der Inder. In der westlichen Gesellschaft bezieht sich diese katalogisierende Engstirnigkeit allerdings mehr auf Äußerlichkeiten als auf die wirtschaftliche „Stärke".

Mit großer Sicherheit schlummert der größte Feind in Sachen Kritik im eigenen Körper. Fast jeder Mensch (besonders Frauen) ist in der Lage, aus dem Stehgreif eigene Mängel aufzuzählen. Kein Lebewesen auf diesem Planeten versteht es so detailgenau, sich selbst bis ins Mark zu diskriminieren. Und diese Schilderungen fallen gnadenloser als TÜV-Berichte aus. Tierforscher streiten sich noch immer darüber, ob unsere tierischen Verwandten fähig sind, ihr eigenes Spiegelbild zu erkennen. Tatsache ist jedoch: Sie scheinen nicht zu urteilen. Für sie existiert kein Be- oder Verurteilen. Ich spreche ihnen trotzdem eine Art Schamgefühl zu.

Vor einigen Jahren war mein in die Jahre gekommener Hund krank. Er hatte sich sein Fell vollgekotet und wandte verschämt den Blick ab. Nachdem ich ihn behutsam mit warmem Wasser gesäubert hatte, leckte er mir sanft die Hände. Offenbar hatte er seine Hundewürde zurück. Er besaß ja nur diesen einen Mantel. Für mich war er natürlich immer der Schönste.

Würde eine Freundin oder ein Freund laut zensieren, mit uns ins Gericht gehen, wie wir es mit uns selbst tun, wäre das letzte freundschaftliche Wort gewechselt. Mit dem Verrat der eigenen Seele werden wir zum Judas.

Erstaunlicherweise jammern gesunde Menschen, die den geringsten Anlass dazu haben, am heftigsten. Vor allem diejenigen, die nach den allgemeinen Maßstäben der Gesellschaft durch ihre Erscheinung begnadet wurden. Ich sprach mit einer jungen, ansehnlichen Kundin, die einfach nicht verstehen wollte, warum sie trotz ihres zufriedenstellenden Aussehens keinen Frieden mit sich machen konnte und bereits mit einundzwanzig Jahren eine Schönheitsoperation in Erwägung zog. Auf meine Frage, wie sie die Optik ihrer Mutter beurteilen würde, meinte sie: „Oh, meine Mutter sieht super aus. Für ihren Körper hat sie sich schon immer sehr viel Zeit genommen. Sie treibt täglich Sport, und als kleines Mädchen durfte ich mich zu ihr unter die Sonnenbank legen."

Was signalisierte die Mutter ihrer Kleinen damit von Kindesbeinen? IDer Gedanke, nicht gut genug zu sein, wie man zur Welt kam.

Hast du schon einmal darüber nachgedacht, wie wir mit den Bemerkungen: Ich bin zu dick, meine Haare werden grau oder meine Nase ist zu groß ... Menschen diskriminieren, die bereits mit Gebrechen zur Welt kamen und durch Krankheit oder ein Unglück gezeichnet sind? Wenn wir aufmerksam schauen, sind sie die Engel, die uns immer wieder bescheiden werden lassen.

Unzufrieden und verzweifelt begab ich mich an einem Frühlingstag auf den Weg zum Shopping. Wann sonst glaubt eine Frau, sie müsste sich der Prozedur der Anprobe in überhitzten Kaufhäusern aussetzen? Die Fitnessszene und mein durchtrainierter Partner, der mir schon seit längerem vorwarf, ich nähme mein Training nicht mehr ernst genug und *müsste* wieder mehr tun, signalisierten mir aufs Schmerzlichste, dass ich nicht ausreichend attraktiv war und etwas unternehmen *musste,* um weiterhin im Rennen zu bleiben.

An einer Ampel wartend, lief mir bei cirka 30 Grad der Schweiß herunter, als unmittelbar auf dem Gehsteig neben mir eine junge Frau sich nur sehr mühselig vorwärtsschleppte. Langsam zog sie ein verkrüppeltes Bein hinterher, und es sah so aus, als *müsste* sie immer wieder mit den Armen Schwung nehmen, um auch nur einen Meter vorwärtszukommen. Dabei behielt sie jedoch einen auffallend stabilen, fröhlichen Gesichtsausdruck bei.

Und ich schämte mich. Schämte mich für die Hochmütigkeit des gesamten Fitnessszenarios, schämte mich dafür, dass ich es nicht (noch nicht) schaffte, mein Selbst gegen dekadente Partner zu verteidigen, die glaubten, ihr Plastikleben liefe auf Schienen und es gäbe nichts Wichtigeres als ein Sixpack.

Diese Frau hatte eine ganz andere Last zu tragen und verzagte anscheinend dennoch nicht. Zumindest demonstrierte sie es der Außenwelt nicht permanent.

Bei nächster Gelegenheit wendete ich, fuhr nach Hause und verbrachte einen schönen Tag mit meinem alten Hund am nahe gelegenen Waldweiher.

Als Trainerin ist mein Toleranzrahmen für die Belange der Kunden äußerst elastisch, doch manchmal geht mir die Hutschnur hoch. Da stehen kerngesunde Menschen vor mir und kneifen sich mit angewidertem Gesichtsausdruck in ihre Oberschenkel oder ihren Bauch, als ob es vergammeltes Fleisch wäre. Jeder kann das Beste aus sich machen, doch Erbanlagen lassen sich nicht eliminieren. Wir müssen lernen, uns mit dem gegebenen Körpertyp abzufinden und ihn zu lieben, statt immer wieder mit Pseudoschönheiten den Vergleich anzugehen.

So, wie es verschiedene Tiergattungen auf dieser Erde gibt, existieren verschiedene Menschentypen. Was bringt es dem Elefanten, sich über seinen Rüssel zu beschweren, und wie kann ich ein Nashorn mit einer Gazelle vergleichen? Alles Lebendige ist auf seine Weise schön. Und niemand hat sich selbst gemacht. Die „Hässlichen nicht, aber die „Schönen“ erst recht nicht. An ihnen gingen, öfter als wir ahnen, Götter in Weiß zu Werk. Sie erschaffen ihr eigenes Bildnis des Dorian Grey. In die Jahre gekommen, sehen ihre Gesichter auf vergilbten Fotos älter aus als ihr aktuelles Antlitz. Jeder kennt seine Wahrheit selbst.

Es scheint, als wäre das Innenleben von kerngesunden Menschen verkrüppelter, als der Leib eines Behinderten es je sein könnte. Oft reicht eine kleine freche Bemerkung über den Hintern oder die Dicke des Bizeps oder die Frisur, um einen eitlen Menschen komplett aus der Fassung zu bringen.

Gesichtskrebs diagnostizierte ein Arzt vor Jahren einer meiner Kundinnen und riet zu direkter Entfernung des Gewebes. Wieder genesen, machte sie sich über die getrennten Wartezimmer der Praxis lustig. Tatsächlich verbrachten die wahrhaft Kranken die Wartezeit in einem andern Raum als die „Patienten“, die glaubten, man *müsse* an ihrem Aussehen etwas verbessern. Wer dieser Geister ist nun der Kränkere? Vielleicht sollte man die Wartenden zusammenstecken, sodass sich alle betrachten können, und vielleicht würde der eine oder die andere rechtzeitig aufwachen und sehen, dass die Probleme nur im Kopf stattfinden. Ob diese gezielte Absonderung ein eher geschäftstüchtiger oder empathischer Gedanke des Mediziners ist?

Eine andere Klientin klagte wieder einmal ohne berechtigten Anlass über ihre „dicken“ Beine. Zwei Jahre zuvor hatten Ärzte ihren Rücken versteift um sie vor einer Querschnittslähmung zu bewahren. Ich fragte, welcher Gedanke, als sie aus der Narkose erwacht war, der wichtigste gewesen sei, und sie antwortete, dass sie einfach wieder hätte laufen wollen. Der Wunsch wurde ihr zum Glück erfüllt, und nun mäkelte sie an ihren Beinen herum.

Ich riet ihr, die Röntgenaufnahmen von damals zur mahnenden Kunst werden zu lassen. Vielleicht bizarr, lackschwarz gerahmt und übers Sofa angebracht.

Erstaunlich viele Menschen leiden nach chirurgischen Eingriffen an Depressionen, weil ihr Innerstes mit dem veränderten Äußeren nicht zurechtkommt. Trotz fachmännischer Schönheitskorrektur bleibt die Korrektur, die im Innenleben durchgeführt werden *müsste,* um sich mit dem eigenen Spiegelbild zu versöhnen, aus.

Mir fiel bei einigen Freunden, die sich störende Körperteile „verbessern" ließen, auf, dass eine einmalige Aktion nicht zum Seelenfrieden reichte. Zunächst dachte ich noch, es wäre in Ordnung, wenn zum Beispiel die Nase so sehr stört. Doch die nächsten Verbesserungsvorschläge ließen nicht lange auf sich warten, und plötzlich waren es der Hüftspeck und die kleinen freundlichen Lachfältchen um die Augen, die doch maßgeblich zur speziellen Ausstrahlung beitrugen.

Sollten je Menschen auftauchen, die optisch makellos scheinen, brauchen sie sich erst recht nicht über ihre Mitmenschen zu erheben, sie haben für ihr Aussehen nicht viel dazugetan, sind auch nicht Schöpfer des Ganzen. Begnadete täten gut daran, dem Universum für die Gaben zu danken und ihre Energie dafür aufzuwenden, Lebewesen zu helfen, die in diesem Leben weniger „Glück" hatten, und Kraft zu schöpfen für die Zeit, wenn es einsamer um sie herum wird, weil die Menschen, die sie für ihr Aussehen geliebt haben, sich nach und nach verabschieden werden.

Jedenfalls stellt es eine harte Herausforderung dar, auf ewig eine perfekte Fassade aufrechtzuerhalten. Wer „schön" sagt, sagt auch gleichzeitig „hässlich". Eine berühmte amerikanische Schauspielerin erwähnte in einem Interview, dass ihr die Männer immer wegrennen würden, wenn sie im Alltag menschliche Züge annahm. Die Herren waren der Meinung, sie *müsse* dauerhaft ausschauen wie in ihren erotischen Thrillern, und kauerte sie irgendwann erkältet und mit rottriefender Nase vor einem Berg Taschentücher, ergriffen sie enttäuscht die Flucht. Die gegenseitige Täuschung war zu Ende, enttarnt.

Jeder Mensch wird im Laufe seiner Entwicklung sämtliche Erfahrungen machen *müssen,* um Vollständigkeit zu erlangen, und dazu gehören auch weniger glanzvolle Ereignisse. Woher wissen wir so genau, ob wir nicht schon im nächsten Leben in einen verkrüppelten Körper reinkarnieren, und möchten wir uns dann schämen *müssen*? Oder Güte erwarten dürfen?

Wer kennt sein Karma genau? Wer hat schon an sein Ende geschaut? Alles kommt im Leben auf einen zurück. Die guten und die weniger rühmlichen Taten. Man trifft sich immer (mindestens) zweimal. Manchmal schon in diesem Leben.

Bernie, ein homosexueller Altenpfleger, kam ungewollt in den Genuss süßer „Rache“, als eine senil gewordene Nachbarin ausgerechnet in dem Altenheim untergebracht wurde, wo er seinen Dienst tat. Fast sein halbes Leben lang hatte die alte Dame ihn für seine Homosexualität diskriminiert und gedemütigt. Auf einmal lag sie hilflos vor ihm. Natürlich bekam er zwangsläufig Dinge zu sehen, auf die er gerne verzichtet hätte. Sehr intim eben. Das hätte sie sich wohl nie träumen lassen.

Nie ist ein hartes, endgültiges Wort, das im Moment es Gebrauches schon seine Glaubwürdigkeit zu verlieren droht. Zum Glück hielt ihn sein gutes Herz davor zurück, die gewonnene Macht auszuspielen. Er tat, als würden sie sich zum ersten Mal begegnen. Stellte die Uhr sozusagen auf Null und begann ganz von vorne mit ihr. Eine neue Beziehung sozusagen. Ich habe keine Ahnung, welchem Glauben Bernie angehört, doch sein Verhalten ginge wohl in jeder Konfession als echtes Verzeihen und Großherzigkeit durch.

Vermutlich wird nicht immer mit denselben Menschen abgerechnet. Oft genug ereilt uns die Sühne oder auch das Wohlwollen aus einer ganz anderen Ecke. Und doch ist alles eins!

Gewöhnen wir es uns besser ab, stolz oder ärgerlich über die eigene Hülle zu sein. Wir können selbst nichts dafür! Und am Ende unserer Tage sehen wir alle ziemlich ähnlich aus.

„Ich bin, was ich bin!“ Nicht: „Ich möchte sein.“

Wir können die Partner, Eltern, Medien oder Freunde zum Prinzipal unseres Aussehens machen und auf Lebzeit in der Abhängigkeit ihrer Meinungen versauern.

Komplimente sind Schall und Rauch, die Besänftigungen nur von kurzer Dauer. Wenn wir uns selbst verlassen, können diese Menschen lobpreisen bis zum Erbrechen, wir werden auch ihnen zum Schluss keinen Glauben mehr schenken, sondern brauchen immer neue Mitspieler, die uns wohlwollend hofieren. Dabei werden wir immer häufiger auf Menschen stoßen, die beleidigend mit Defiziten konfrontieren.

Wenn wir anfangen, den Nörglern für ihre Plumpheit zu danken und sogar über Bemerkungen schmunzeln können, weil sie uns nicht mehr berühren, sind wir auf dem Weg der Heilung.

An deiner Gefühlsreaktion kannst du die Fortschritte deines wahren Selbstbewusstseins messen. Dann segelst du wieder unter eigener Flagge.

Selbstliebe ist keinesfalls Narzissmus, sondern Anerkennung und Dankbarkeit an das eigene Dasein. So erzeugtes Wohlbefinden ernährt von innen.

Irgendwann im Leben hörten wir auf, darauf zu warten, dass uns jemand etwas zu essen in den Mund steckt. Wir sind selbst zuständig geworden. Würdest du weiter auf Fütterung bestehen, wärst du längst verhungert. Die gleiche Eigeninitiative bringst du ab jetzt für deine seelische Ernährung auf.

Anmut und Schönheit eines jeden Menschen liegen in der Verborgenheit der eigenen Seele, verschüttet durch lautes, fremdes Geschwätz. Wer will haben, der muss graben! Eigenliebe ist beständig. Mit Vorsatz schaffen wir die Bedingungen, um glücklich zu sein.

☆☆☆

Fragen an deine Selbstachtung

- Was weißt du über das Aussehen und die Charaktere deiner Vorfahren?
- Welchen Eindruck machen diese Menschen auf dich, mit dem, was sie darstellten und erreicht haben?
- Welches kollektive Wissen haben die Ahnen dir vererbt?
- Wie sehr erkennst du dich in ihnen, und ist dir jemand von ihnen unheimlich? Beides hat unmittelbar mit dir zu tun. Du kannst die Informationen nutzen.
- Wie gut bist du mit dir selbst befreundet, und wie könntest du dieses Gefühl vertiefen?
- Wann gehst du mit anderen Menschen in den Vergleich und vergisst dabei, dass es viele gibt, die noch weniger perfekt sind als du?
- Welche Begebenheiten hast du erlebt, über die andere sich lustig machen konnten?
- Was ist jetzt im Augenblick davon noch bedeutsam?
- Was bemängelst du noch immer an dir, und wie würdest du über eine/n Freund/in mit demselben Merkmal urteilen?
- Wann hast du damit begonnen, dich selbst zu reklamieren, und wer war unmittelbar daran beteiligt?
- Warum orientierst du dich so oft nach oben? Es gibt immer jemanden, dem es noch schlechter geht!
- Was oder wer beleidigt dich immer wieder, und was kannst du aus dem Verhalten der Mitmenschen lernen?

- Was verbessern die Betrachtungsweisen und Kommentare Außenstehender wirklich in deinem Leben?
- Was kannst du sofort tun, um wieder dankbarer für dein Dasein zu werden?

☆☆☆

Schönheit liegt in jedem Wesen.
Liebevoll betrachte ich meinen täglichen Wandel.

☆☆☆☆☆

Du musst ..., damit ich glücklich bin

Was würde wohl vor sich gehen, wenn wir Menschen bei den ersten Zusammentreffen keine Schokoladenseite heraushängen ließen?

Wie würden sich die Reaktionen auf meine Person gestalten, wenn ich wie der abgeklärte Bekannte gleich meine Makel und alltäglichen Verstimmungen im Laufe der ersten Verabredung preisgäbe?

Das würde ungefähr so klingen: „Also, ich kann überhaupt nicht kochen, und putzen finde ich total ätzend. Ich bügele nur das Notwendigste, warum soll ich damit meine wertvolle Zeit vertun? Ich liebe es, einen halben Sonntag im Schlafanzug zu verbringen und einfach im Bett zu liegen, um ein schönes Buch zu lesen."

Und das wären erst die Anfänge meines Seelenstrips, der bestimmt nicht ungesühnt bliebe.

Stattdessen gehen wir nach draußen und vermarkten uns, als hätten wir ein Vorstellungsgespräch für einen Managerposten.

Menschen, die schon lange Zeit ohne Partner leben, wirft man vor, sie würden nicht genug aus sich machen, gingen nicht offen auf andere zu. Das mag in einzelnen Fällen wahr sein, und vielleicht kann eine kleine Hilfestellung dazu führen, diese „einsamen" Herzen an den Mann/die Frau zu bringen. Das hört sich aber schon ein wenig nach Versandhandel an.

Birgt eine gewisse Verhaltenheit von Alleinlebenden nicht auch Ehrlichkeit? Sie geben sich so, wie sie sind, und halten nicht hinter dem Berg mit Dingen, die später im Alltagskino ohnehin zum Vorschein kämen.

Je mehr die Menschen kokettieren, desto größer sind ihre Minderwertigkeitskomplexe, desto stärker giert das Innere nach Zuspruch und Anerkennung. Das ist auch Marketing!

Beste Referenzen, wo man hinschaut. Und natürlich werden wir dafür mit Komplimenten überschüttet. Das tut ja auch gut! Wir kommen zusammen, aus dem Flirt wird ein Paar. So weit noch alles wunderbar!

Ein, zwei Jahre in Verliebtheit gehen schnell vorbei.

In der Zwischenzeit *müssen* wir aber allen Aufwand, mit dem der Partner verleitet wurde anzubeißen, weiter praktizieren, und er *muss* es ebenfalls! Sonst scheint was faul in der Beziehung. Oder? Warum hört er/sie denn plötzlich mit den Annehmlichkeiten auf? Liebt er/sie mich nicht mehr? Findet er/sie mich nicht mehr gut?

Zu Beginn einer Beziehung ist alles unverbraucht, gut und besser als in der alten Verbindung. Sonst hätten wir ja nicht wechseln *müssen*.

Der Sex ist prickelnder, länger und häufiger. Die Gespräche sind länger, besser, häufiger. Die Blicke sind länger, besser, häufiger ... Dafür lassen wir sogar Hobbys und Freunde außen vor.

Man stelle sich das Pensum vor, perfekt zu sein und auch bleiben zu *müssen*, damit das Gegenüber ewig auf einer rosa Wolke schweben kann.

An dieser Stelle *muss* ich noch einmal auf das *Müssen* hinweisen, das für ein Überleben unumgänglich ist und bedeutet, sich um sich selbst zu kümmern. Das sind wesentliche, eigene Bedürfnisse. Alles, was darüber hinausgeht, erlegen Menschen sich selbst auf, nur um zu ge*fallen*.

Reagierte in der Kindheit niemand auf die Bemerkung: „Ich *muss* mal!“, überließen wir die Sache sich selbst, ließen laufen, ließen *los*. Und? Waren erleichtert. Wenn wir in der Lage waren, ein lebenswichtiges *Muss* loszulassen, kann es doch nicht so schwer sein, die belastenden, fremdgesteuerten Aktionen abzulegen.

Sicher ist es einfacher, dem Partner die Schuld zu geben, für das, was er uns antut und wir für ihn tun *müssen*. Achtung, Falle: Was geschieht, wenn ich einem Menschen die Schuld für meine Unannehmlichkeiten zuschreibe?

Zeitgleich erteile ich ihm die Macht, zu handeln, und entziehe mir die Möglichkeit, selbst etwas zu verbessern. Und *muss* weiter zulassen, was man mit mir macht.

Wenig schmeichelhafter ist die Variante, in der der Partner oder die Partnerin noch „verbessert“ wird. Man kann etwas aus ihm machen. Sind die Designer endlich fertig mit ihrer Gestaltung, ist der Mensch plötzlich nicht mehr der, in den man sich verliebt hat.

Eine unbedarfte junge Frau zählte auf, wie ihr Leben in den nächsten zehn Jahren auszusehen hätte.

„Mit vierundzwanzig möchte ich verheiratet sein und mit fünfundzwanzig das erste Kind bekommen. Mit siebenundzwanzig das zweite Kind, und dann hätte ich schon gerne ein eigenes Haus. Natürlich verreisen wir zweimal im Jahr, und um mobil zu bleiben, benötigen wir ein zweites Fahrzeug.“

Ich raubte ihr den verklärten Blick mit der Frage, ob denn der passende Mann zu diesen Projekten schon gefunden sei oder sie schon mit dem Sparen begonnen habe.

Sie verneinte entrüstet, aber ich beobachtete in den folgenden Jahren, wie sie ihr Netz spann. Um an ihr Ziel zu gelangen, bevorzugte sie nicht einmal eine bestimmte Sorte Männer. Ihr Beuteschema richtete sich ausschließlich auf den Geldbeutel und war prompt erfolgreich. Sie fand einen gutmütigen, aber auch quirligen Jungen, der alle seine Lebensträume über Bord warf, um ihr zu gefallen, und tat, wie sie befahl.

Später warf ich ein, dass es doch kein Wunder sei, wenn ein Mann die Kontoauszüge betracht, ihn eine 200.000 Euro Hypothek angrinst, er außerdem das Gefühl hat, seine Frau schenke ihm keine Zuneigung mehr, sich verbittert fragt, ob das jetzt alles war, was er im Leben zu erwarten habe, und vom Zigarettenholen nicht mehr zurückkommt.

Eine Woche später kündigte die Ehrgeizige ihre Mitgliedschaft in meinem Fitnessstudio. Offensichtlich war es nicht das, was sie hören wollte. Ich *müsste* etwas an meiner Geschäfttüchtigkeit tun und eher das sagen, was die Menschen hören möchten, auch wenn es nicht immer der Wahrheit entspricht.

Ja, wir *müssen* in der Tat eine Menge tun, um zu gefallen, und werden Schritt für Schritt zu Gefallenen beziehungsweise gefangenen Kriegern des Alltags.

Als ich mich für schamanische Reisen zu interessieren begann, nahm ich recht bald neugierig die Krafttiersuche auf. Naturvölker sind der Meinung, dass jeder Mensch während seiner Geburt ein Krafttier zur Begleitung seines Lebenswegs geschenkt bekommt, ähnlich wie einen Schutzengel. Selbstverständlich hatte ich hochtrabende Vorstellungen. Nicht irgendein Tier sollte da erscheinen, nein, mit einem stolzen, eindrucksvollen, wollte ich mich identifizieren. Wie in der Partnersuche bekommt der Mensch bei der Krafttiersuche aber genau das, was er gerade zur Entwicklung dringend braucht. Dabei können die Eigenschaften des jeweiligen Tieres auf die negativen oder positiven Seiten eines Lebens oder Charakters aufmerksam machen. Damit kann in der Zukunft gearbeitet werden. Die Tiere wechseln manchmal im Laufe des persönlichen Fortschritts.

Als mir meine ersten Krafttiere erschienen, hörten zeitgleich die Zweifel an schamanischen Reisen auf. Bis dahin war ich längst nicht davon überzeugt, dass ich mir all die Dinge vielleicht einbilden würde. Zu meinem Erstaunen erschienen keine Löwen und Tiger, Wale und Elefanten. Da stampfte auf einmal ein plumpes Nashorn durch meine Vision, piepste vorsichtig ein kleines Mäuschen, oder es pulte sich ein „unförmiger" Ameisenbär in mein Leben. Diese Gesellschaft hätte sich mein eitler, rationaler Verstand nie und nimmer freiwillig ausgesucht. Doch genau von diesen Wesen lernte ich, was mir fehlte.

Manche Menschen schaffen es, annähernd einen Idealpartner zu finden und merken nicht, wie gut es ihnen dabei geht.

Sabine, eine lebenshungrige Frau in den Vierzigern, ehelichte vor zwanzig Jahren eines dieser Exemplare. Ihr

Mann wirkte mit fast fünfzig immer noch wie ein schelmischer Bub, obwohl er in seinem Job als Feuerwehmann viel Elend zu sehen bekam. Sie behauptete, er sei totlangweilig, begleite sie ungern auf Partys und falle am Abend wie ein Baum ins Bett.

Ich denke, der Mann erlebt einfach schon genug in seiner Schicht, und seine Seligkeit liegt im Beisammensein mit der Familie. Künstlich fabrizierte Action wird das Letzte sein, was ihm Erfüllung verleihen könnte.

Ich veralberte die rebellische Mutter etwas und meinte:

„Such dir doch einen Neuen. Vielleicht einen Rockgitarristen, mit dem kannst du Drogen nehmen und dir anschließend die Nase einhauen lassen. Dann ist dein Leben nicht mehr so langweilig."

Wir lachten beide herzhaft über meine Übertreibung, schließlich gibt es zum Glück viele Männer, die einer Frau nie Schaden zufügen würden, aber sie verstand, was ich sagen wollte. In ihrer gewohnten Wohlfühlbox langweilte sie sich ein wenig und hatte offensichtlich vergessen, was draußen in der Welt los ist. Sie kapierte, dass der Mann nicht dafür verantwortlich ist, ihr Leben spannend zu gestalten. Dass *muss* sie schon selbst erledigen, und vielleicht schafft sie es, den „Lahmen" etwas anzuschubsen.

Außerdem bat ich sie, sich in einer stillen Stunde ihren Gatten auf der Straßenseite gegenüber im Arm einer anderen Frau vorzustellen. Erschien er ihr dann immer noch als langweilig? Auch wenn wir glauben, wir könnten super ohne unsere nervigen Partner leben, haben sie sich erst einmal für jemand anderen entschieden, tut es auf einmal weh, das

Ego. So einfach darf sich der/die Verflossene nun auch nicht trösten. Der Gedanke, dass ein anderer Mensch dem eigenen Partner mehr zu bieten hat, behagt überhaupt nicht.

Auf dem Niveau, auf dem wir die Beziehungen aufbauen, *müssen* wir später immer mehr leisten, um die Spannung aufrechtzuerhalten und selbst interessant zu bleiben, sonst werden die Parteien unzufrieden.

Ein Freund, der lange im Rotlichtmilieu verkehrte und haufenweise Beziehungen auf übelste Weise scheitern sah, behauptet felsenfest: „Wer mit Getöse kommt, geht auch mit Getöse."

Ich erweitere die Bemerkung dadurch, dass man einen Menschen auf dem gleichen Weg wieder loswird, auf dem man ihn bekommen hat. Selten sah ich eine glückliche Beziehung, die auf der Zerstörung der vorherigen baute und funktionierte. Wer sich einmischt, hat die Konsequenzen zu tragen.

Womit ersetzen Menschen ihre alte Liebe, die frei gewordene Hauptdarstellerrolle an ihrer Seite? Mit einer Person, die all das tut, was ihnen fehlt, ihnen all das sagt, was sie hören möchten. All das gibt, was sie sich selbst nicht geben können. Die nur Augen für sie hat, und eine Weile funktioniert das Einlullen der Seele auch recht gut. Schon bald jedoch *müssen* die Beweihräucherungen immer überzeugender klingen als die vorweg gegangenen Beteuerungen, weil sich letztendlich an innenliegenden Defiziten durch Geschwätz nichts ändert.

„Ich werde dich immer lieben! Dich will ich immer glücklich machen!", sind die Schwüre, die niemals in unseren Ohren verklingen dürfen. Arme Partner, du und ich, welch zermürbende Aufgaben im Namen der „Liebe“.

Dabei sind Hass oder Liebe als Dauerzustand unmöglich und nicht normal. Nur was wir lieben, können wir auch hassen. Welcher Mensch könnte nicht manchmal seine Kinder lynchen, seinen Partner erwürgen oder den Hund aussetzen? Natürlich nur in Gedanken!!! Wo denn sonst, wenn man liebt, und wer außer ein geliebtes Lebewesen könnte einen wohl so zur Weißglut treiben?

Anscheinend werden auch im 21. Jahrhundert noch immer jede Menge Prinzessinnen geboren, die von einer Hochzeit in Weiß als dem schönsten Tag des Lebens träumen, ohne zu registrieren, wie sie mit dieser Formulierung die eigene Prophezeiung erfüllen. Ist der schönste Tag erst vorüber, kann es folglich nur schlechter werden.

Wir haben nicht gelernt, Täuschungen aufzudecken, sondern warten darauf, dass immer wieder etwas „Besseres“ vorbeikommt.

Dringend benötigen Beteiligte Hilfestellung durch eine geübte Souffleuse, die brav zuflüstert, was als Nächstes zu sagen wäre.

Weil wir *selbst* nicht an die eigenen Stärken glauben, drängen Zweifel wie die Fettaugen einer Suppe immer wieder nach oben. Und am Ende wird aus jeder noch so guten Bemerkung, die den Mund des geliebten Partners verlässt, eine unbefriedigende Phrase. Genau wie die Schneekönigin im Märchen, in dem alles Schöne und Gute, das sich im Spiegel zeigt, sofort in Schlechtes und Niederträchtiges verwandelt, bis der Fluch durch echte Liebe erlöst wird.

Wenn wir aufrichtig lieben, schauen wir ohne Erwartungen hinter die Kulissen einer Menschenseele.

☆☆☆

Fragen an den inneren *Muss*zwang

- Welche optischen Vorbereitungen triffst du, bevor du auf Partnerfang gehst?
- Wie sehr möchtest du für deine Schokoladenseiten geliebt werden?
- Warum kannst du Dinge, die du in der Verliebtheit tust, später nicht mehr freiwillig erfüllen?
- Welche Dinge würdest du gerne an deinem aktuellen Partner verbessern?
- Welche Punkte, glaubst du, würde er/sie an dir gerne verändern?
- Seit wann existieren diese Eigenarten, die plötzlich so störend wirken?
- Welche Unarten könnte ein neuer Partner/eine neue Partnerin in einigen Jahren entwickeln, mit denen du dich nicht arrangieren könntest?
- Wohin würden gegenseitige Verbesserungsvorschläge die Beziehung in Zukunft führen?

- Welche zu hohen Anforderungen hatten deine Eltern in ihrer Zweierbeziehung aneinander?
- Wohin brachten die Bedingungen deine Mutter in ihrer Entwicklung, und wie reagierte dein Vater auf Kritik?
- Wie viel Wert legst du in der Partnerwahl auf das Urteil von Fremdbeobachtern (Freunde, Familie, Fremde), und wie sehr hilft ihr Urteil, wenn etwas schiefläuft?
- Welches Tier ist dir in letzter Zeit öfter begegnet (im Traum, als Symbol oder in Wirklichkeit)? Welche Eigenschaften hat dieses Lebewesen, und was könnte es dir sagen wollen? (Gib in Suchmaschinen des Internets einfach Krafttiere ein, es existieren wunderschöne informative Seiten zu diesem Thema.)
- Was fühlst du, wenn du dir deinen Partner/deine Partnerin auf der gegenüberliegenden Straßenseite fröhlich, Hand in Hand, mit einem anderen Menschen vorstellst?
- Wie berechtigt ist der Ärger über den Menschen an deiner Seite in diesem Augenblick wirklich?
- Wer soll für deinen persönlichen Lebensentwurf verantwortlich gemacht werden, und wer hat die Macht, etwas zu ändern?

☆☆☆

Ich bin mit mir und dem Wesen meines Partners einverstanden. Wir sind in Sicherheit.

Ich weiß es nicht!

Ist es nicht ungeheuer wichtig zu erfahren, was andere Leute, und ganz besonders die eigenen Partner, gut an uns finden, wofür sie uns bewundern, gar lieben? Woher mag dieses Phänomen stammen, dass wir fest daran glauben, bestimmte Voraussetzungen erfüllen zu *müssen*, um Liebe zu empfangen?

Man sagt, die Schönheit eines Landes liegt in den Augen des Betrachters, und so verhält es sich im Grunde auch mit der Schönheit eines aufrichtig geliebten Menschen. Alle anderen Vorstellungen sind pure Berechnung beziehungsweise Rationalität.

Wie schon erwähnt, *mussten* wir als Kinder bereits gewisse Kriterien erfüllen, um in den Genuss von Zuneigung zu kommen. Und wer kennt nicht die schlimmste aller gewaltlosen Strafen: Missachtung. Das Gefühl des Ausgestoßenseins von Eltern, Lehren oder Freunden, weil wir gerade nicht so funktionieren, wie sie es sich wünschen.

Nun endlich aus dem Alter der Abhängigkeit herausgewachsen und eigentlich in der Lage, selbst zu bestimmen, spielen wir das gelernte Spiel in Partnerschaften bereitwillig weiter. Als hätten wir nicht schon genug Zeit vertan, ohne zu uns selbst zu finden und zurückzukehren zur eigenen Seele.

Ich liebe dich, weil …

Und wir werden geliebt, weil …

Du hast so eine schöne Figur, ich kann die Finger nicht von dir lassen. Der Sex mit dir ist überwältigend. Du hast die Haare schön (darüber wurden bereits Partylieder geschrieben). Dich erkenne ich mit verbunden Augen. Ich versinke in deinen wunderschönen Augen. Du bist so klug und kannst dich gewählt ausdrücken. Erfolg macht ebenfalls ungeheuer sexy. Immer kleidest du dich geschmackvoll und modisch …

Zurzeit wächst in Deutschland wiederholt eine neue, blutjunge Generation Formel Eins Rennfahrer heran, und es wurde auf einem Radiosender darüber diskutiert, warum die Jungs eine gewaltige, magische Anziehung auf Frauen und junge Mädchen ausüben. Ständig werden sie umgarnt von paarungswütigen Schönheiten, die keinen kosmetischen Aufwand auslassen, um das Interesse der Asphalthelden auf sich zu ziehen.

Wer von den Schönen fragte noch nach den Waghalsigen, würden sie durch einen Unfall aus dem Leben gerissen.

Ihr sportlicher Körper unbrauchbar und das Gesicht entstellt wäre. Die Millionen nicht mehr fließen. Wie interessant wären diese Helden dann noch für die weiblichen Fans? Wer bleibt übrig, wenn das Krankenzimmer zur Boxengasse, das Bett zum Cockpit geworden ist? In der Not gehen tausend Freunde auf ein Lot!

So oft es bauchpinselt, dass ein Partner/eine Partnerin entzückt Komplimente aussendet und wir die eigene Vorzüge bestätig bekommen, sollten wir wachsam die Öhrchen hochklappen! Genau wegen dieser Vorzüge werden wir auch wieder verlassen, weil wir sie nicht auf Dauer erfüllen können. Was wir aber eigentlich *müssten.*

Meine Mutter bemerkte vor vielen Jahren etwas grausam Zutreffendes, und damals mied ich sie beinahe dafür. Gerade mal vierundzwanzig Lenze, war ich eifrig dabei, die langjährige Beziehung zu meinem Freund zu zerstören. Im Grunde genommen hatte er sich außer den typischen Alltagstrottgeschichten, die jede Beziehung ein wenig schläfrig gestalten, nichts zuschulden kommen lassen, und optisch gesehen war er ein Leckerchen, wie die Mädels zu sagen pflegen.

Ich *müsste* mich wirklich heute noch bei ihm entschuldigen. Vom Fitnesswahn infiziert und der noch immer nicht überwundenen Trauer um meinen Großvater (was mir damals nicht bewusst war), hielt ich immer wieder nach noch größeren, muskulöseren Männern Ausschau. Keiner war gut genug. Jeder Mensch spielt in seinem Leben Programme ab, die er später lieber nicht mehr erwähnt haben möchte.

Möglichst sollten irgendwann Lernprogramme daraus werden, dann hat sich der Umweg zumindest gelohnt, und es bedarf keiner Wiederholung mehr. Bis dahin sind die Falschen die Richtigen.

Jedenfalls wetterte meine Mutter, ich solle mir bloß nicht einbilden, dass irgendeiner dieser Typen an mir auch nur das geringste Interesse zeigen würde, wäre ich irgendwo als Zahnarzthelferin tätig.

Bloß ein Satz, und unter mir öffnete sich eine Falltür ins Leere. Natürlich wehrte ich mich, wand mich wie ein Aal auf dem Trockenen. Sie wollte damit keinesfalls den Berufsstand einer Arzthelferin niedermachen, sondern mir die Oberflächlichkeit meines Denkens und die Arroganz meiner männlichen Errungenschaften verdeutlichen. Später ergänzte sie obendrein:

„Eure Fitness-Liebesbeziehungen nutzen sich ab wie Autoreifen. Wenn das Profil nicht mehr taugt, wird halt gewechselt."

Es dauerte noch einige Jahre, bis ich den tieferen Grund ihrer weisen Worte verstehen lernte. Leider begreift der Mensch am besten durch Schmerz.

Aspirin sollte in diesen irren Episoden der harmloseste Teil meiner Lektionen werden. Vernarrt in den Sport, nahmen wir in den Achtzigerjahren Aspirin nicht einfach ein, wir fraßen es in rauen Mengen. Irgendein Bodyguru war auf die Idee gekommen, dass das mit Hilfe von Aspirin verdünnte Blut die Muskulatur während des Trainings, mit mehr Sauerstoff versorgen und so den Muskelaufbau fördern würde. Und wir *mussten* Muskeln aufbauen.

Diese Erscheinung nennen Fachleute ein gutes Pumpgefühl. Ich nahm also meine gewohnte Dosis, die gleichzeitig eine angehende Erkältung unterdrücken *musste.* Das Training durfte nie ausfallen, läuteten Versäumnisse doch unmittelbar (im Kopf stattfindend) den körperlichen Verfall ein. Nach einigen Monaten des Missbrauchs hatte ich die aufgelöste Tablette kaum heruntergespült, als plötzlich meine Oberlippe entsetzlich zu brennen begann. Zunächst dachte ich an Herpesbläschen. Doch das „Pumpgefühl" legte rapide zu. Ohne zu wissen, was vor sich ging, ahnte ich die Katastrophe und bat einen Freund, mich sofort zu vertreten.

Der neue Adonis durfte mich derart entstellt auf keinen Fall zu Gesicht bekommen.

Während der Fahrt tatschte ich panisch nach meinem Gesicht, zu Hause traute ich mich erst gar nicht mehr, in den Spiegel zu schauen. GEISTERBAHN. Ich war nicht mehr wiederzuerkennen. Die Tellerlippe ließ mich meine Füße nicht mehr sehen, und das Gesicht mutierte in die Kategorie „Glöckner von Notre Dame". Aus Angst, die Haut könnte reißen, schmierte ich sie eilig dick mit Fett ein.

Es dauerte ganze dreißig Stunden, bis ich wieder einigermaßen normal aussah. Außerdem hätte diese Überempfindlichkeit auch lebensbedrohlich auf die Atmung schlagen können. Wie viel Glück ich hatte, war mir damals nicht bewusst. Nur die Optik zählte. Wie hätten wohl meine Bewunderer reagiert, wäre etwas Glöcknerähnliches an mir zurückgeblieben?

Wenn jemand dich für dieses oder jenes liebt, wird er dich auch für dieses oder jenes verlassen. Wir sollten nicht beleidigt sein, wenn der Partner es einmal nicht bemerkt, dass wir einen Friseurtermin hatten oder die Augenbrauen frisch gezupft sind.

Die kleine Unachtsamkeit bedeutet nicht mangelndes Interesse, sondern dass sie uns so lieben, wie wir sind, und nicht pingelig auf Makel (gibt es Makel?) stieren. Somit macht sie das auch toleranter, wenn wir etwas weniger perfekt daherkommen oder funktionieren. Wahre Liebe kennt kein *Muss.*

Frühere Lebensgefährten konnten aus dem Effeff vorbeten, warum sie ihr Leben mit mir teilten. Wir erteilten uns gegenseitig den Segen. Aber ich bin auch nur ein Mensch und unterliege dem körperlichen Verfall, würde ich einen jugendlichen Zustand aufrechterhalten wollen, kosteten die Restaurationsarbeiten immer mehr wertvolle Frei- und Lebenszeit. Also ließ der ganz persönliche Mängelbericht der selbst gerufenen Plastikwelt nicht lange auf sich warten. Oberfläche blickt nicht in die Tiefe der Seele.

Wir bekommen nicht die Partner, nach denen wir immer gesucht haben, sondern die, die wir gerade für eine Weiterentwicklung dringend benötigen. Das ist morphogenetische Resonanz.

Wir glauben, teure Kleidung, eine besonders schöne Frisur und die damit verbundenen Komplimente stärken unser Selbstbewusstsein, doch in Wirklichkeit ist dieses Definieren über Dritte Fremdbewusstsein. Wir sind von fremder Meinung abhängig, und irgendwann kann der Partner ein Hosianna singen, das keine Zweifel über seine Anwesenheit offenlässt, und doch kommt es bei unserer verletzten Seele nicht mehr an, weil wir nicht an uns selbst glauben. Trotz aller Bekundungen fühlen wir uns miserabel.

Erst wenn wir die Bestätigung von außen nicht mehr nötig haben und uns selbst genug sind, wenn wir es sind, die dem Spiegelbild ein gesundes Feedback geben, haben wir unseren inneren Meister gefunden. Das ist wahre Freiheit.

Irgendwann war ich bereit für die nächste Lektion und den nächsten Partner. Die einzige Oberfläche, die dieses männliche Wesen wirklich interessierte, war der Lack seiner Harley. Nach gewohnter Manier erwartete mein Ego die täglichen Streicheleinheiten.

Dieses Mal sollte es allerdings leer ausgehen. Emsig bohrte ich weiter. Heute *muss* ich über den seelischen Kniefall und den Selbstbetrug lachen.

„Du sagst mir nie etwas Nettes über meine Kleidung oder meine Figur."

„Was soll ich denn sagen?"

„Na, das, was du an mir toll findest."

„Warum sollte ich mich mit einer Frau zusammentun, die ich nicht toll finde?"

„Aber warum sagst du es dann nie?"

„Was ist, wenn ich dich heute für deine Figur liebe, und morgen veränderst du dich, soll ich dich dann nicht mehr lieben?"

Lange Gedankenpause.

„Doch, natürlich!"

„Und wofür soll ich dich dann lieben? Was ist das für eine Liebe, die an Äußerlichkeiten geknüpft ist?"

„Aber ich weiß nicht, warum du mit mir zusammen bist."

„Das hat viele Gründe."

„Ja, aber warum nennst du mir sie nie?"

„Wenn man einen Menschen liebt, *muss* man(n) darüber nicht dauernd sprechen. Du siehst doch die Paare um uns herum mit ihrer Show. Schatz hier, Liebling dort. Und was ist aus den meisten von ihnen geworden? Sie sind getrennt, und nun haben sie einen neuen Partner, der ihnen hinterherrennt und nach dem Mund redet, bis das auch nicht mehr genug ist."

„Trotzdem weiß ich nicht, ob du mich attraktiv findest."

„Das ist aber, glaube ich, dein Problem. Du hast ein Selbstwertproblem. Ihr Leute aus der Fitnessbranche fühlt euch nur aufgewertet, wenn ein anderer euch bestätigt, wie gut ihr ausseht. Wir werden alle älter und verändern uns, wofür wollt ihr dann geliebt werden? Mach mir doch eine Liste, was du wann und wie oft hören willst."

Standhaft ließ der Typ mich seelisch verhungern. Also wurde ich zur seelischen Selbstbefriedigung gezwungen.

Statt zu hofieren, machte er nach einer durchfeierten Nacht obendrein Bemerkungen, wie: „Deine Augen sehen heute aus wie die einer Schildkröte." Zu Tode beleidigt schmollte ich einen halben Tag lang, und, das obwohl ich diese überlebensweisen Urgesteine nicht im Entferntesten hässlich finde.

Früher wäre ich zum nächstbesten Verehrer gerannt, um mir mein angekratztes Selbstbewusstsein(?) verarzten zu lassen und hätte die Zuneigung meines Freundes auf das Extremste infrage gestellt. Dabei sind es nur Worte. Wie oft benutzen Menschen unverfroren den am liebsten gehörten Satz unter der Sonne: Ich liebe dich!

Und liegen Stunden später in einem fremden Bett?

Was sind Worte wirklich wert?

Pubertierend und der Meinung, die ganze Welt habe sich gegen die Null-Bock-Generation gerichtet, stand in den Achtzigern auf den Schulmäppchen:

Du sagst, du liebst Tiere und isst sie.
Du sagst, du liebst Blumen und zertrampelst sie.
Du behauptest, du liebst mich.
Ich habe Angst.

War das Mundwerk als kleines Mädchen wieder einmal etwas gewagt, mahnte mein Vater: „Worte sind wie ein Stein, der fliegt. Ist er erst einmal aus deiner Hand und saust auf das Ziel zu, kannst du ihn nicht mehr zurücknehmen."

Damit hatte er einerseits recht, gab er ja mit dieser Aussage Worten ein schweres Gewicht, und ich achtete immer häufiger darauf, Menschen nicht mit unüberlegter Wortwahl zu verletzen oder gar voreilige Versprechungen zu machen. Manchmal hilft keine Entschuldigung mehr, um das Gesagte zu entschärfen.

Böse Worte möchten wir alle gerne zurücknehmen, nur die schönen Tiraden sollen auf ewig ihre Bedeutung beibehalten. Worte sind Schall und Rauch, für den Augenblick schmerzhaft oder salbend, aber wir sollten sie für immer vergessen, nachdem sie in den Raum geworfen wurden. Taten sagen mehr als vielversprechende Worte.

Die Aussage meines Vaters *musste* nicht zwangsläufig auf die Steine zutreffen, die nach mir geworfen wurden, wie ich spät, aber nicht zu spät feststellte. Wir haben die Möglichkeit, dem fliegenden, Schaden anrichtenden Stein auszuweichen und ihn abgewandt dem Werfer zu überlassen.

Schmunzelnd registriert, nicht euphorisch handgehabt, führen vorgetragene Schmeichelsteine weniger oft in die Enttäuschung.

Es sind doch nur Worte.

Pilgern wir mit den groben Äußerungen des Partners in die Obhut von Freunden, werden Satzstellung und Wortwahl auf das Kleinste gebetsmühlenartig durchleuchtet, mit der geteilten Meinung, dass solche Gespräche unter Liebenden nicht gehen und wir uns besser jemanden suchen sollten, der/die netter zu uns ist. Weit verbreitet ist die Meinung, dass Partner irgendwie nette Worte finden *müssen*.

Im Kreis der Trostspendenden kommen jammernd Fragen auf: „Warum immer ich? Warum immer der/die Falsche?“

Wir meinen, die Falschen zu treffen, verharren im geistigen Stubenarrest, dabei liegt die Lösung, die Loslösung, die Möglichkeit des Heraustretens aus marternden Empfindungen im eigenen Selbst verborgen. Diese Tatsache wird sich auch bei den nächsten Verbindungen nicht von selbst auflösen, sondern nur durch uns selbst.

Im Tierreich finden sich sämtliche Formen von Hochzeiten. Homos, Monos, Vielweiberei usw. Da gibt es Tiere, die jeden Frühling arterhaltend Ausschau nach neuen Partnern halten, und um Eindruck zu schinden, führen sie einen Mordstanz auf. Meist sind es die Männchen, die sich aufplustern und die eher farblosen Damen umwerben.

Dort existieren aber auch Kreaturen, die ein Leben lang Seite an Seite verweilen. Meist sind das Geschöpfe, die über wesentlich weniger Showmaterial verfügen als die wechselfreudige Sippe. Tiere sind Verwandte, und ich habe die Vermutung, es könnte so sein, dass sich dieses vielseitige Verhalten im Laufe der Evolution unter den Menschen verbreitet hat!

Am liebsten hätte man es ja, wenn der Mann/die Frau nur Augen für uns hätte, doch hätte die Schöpfung einen Tunnelblick gewünscht, wäre in der Entwicklung dafür gesorgt worden, dass das Auge nur eine Person zu erblicken vermag. Da wäre den Menschen einiges entgangen.

Es ist nicht das Auge, das die verführerischen Streiche spielt, sondern die Phantasie.

Ist der Schüler bereit, zeigt sich der Meister. Es wurde/wird Zeit für eine Innenschau.

Ich entdeckte, dass die meisten Partnerschaftsprobleme ein emotionaler Stau im eigenen Innenleben sind. Erst wenn wir es nicht mehr nötig haben, für die Oberfläche beweihräuchert zu werden, sondern den Glauben an die eigene Person stärken, sind wir unabhängig.

Das Ego hat sich im Laufe der Jahre, vom Kleinkind zum Erwachsenen, verselbstständigt. Und immer wenn wir vergessen, wer wir sind, schreien wir nach den dringend benötigten Stützrädern von außen. Natürlich ist es in Krisen eine Hilfestellung, wenn gut gesonnene Menschen aufbauend zur Seite stehen, doch das sollte nicht in emotionale Abhängigkeiten führen und für die Betreuer nicht zum Aderlass werden.

Menschen, die nur existieren können, wenn sie Hilfestellung geben dürfen, Co-Abhängige, sind gleichermaßen süchtig nach Anerkennung wie die Hilfsbedürftigen selbst.

Keinesfalls kamen wir als leeres Gefäß zur Welt, sondern gefüllt mit universeller Energie und Fröhlichkeit. Nur langsam wurden wir entleert, nicht einmal mit Absicht. Infolge von Kritik und Blessuren, um anschließend auf Anpassung umprogrammiert zu werden. Die Verantwortlichen merkten die Manipulation am eigenen Leib nicht. Für eine Weile war ich der Überzeugung, wenn erzieherische Maßnahmen von den betreffenden Personen nicht bemerkt würden, könnten sie auch keinen Schaden anrichten. Achtet man aber auf die Gesichter oder Augen der Menschen, der Spiegel und die Fenster der Seele, dann spüren wir, dass etwas nicht in Ordnung ist. Meistens können die Betroffenen nicht einmal die Ursache für ihre Abgestumpftheit oder die gefühlte Leere erklären. Das Tor zu ihrem eigenen Archiv (Seele) ist versiegelt.

Heute werden kleine Menschen bereits im Alter von einem Jahr mit Reizen überschüttet, geschickt Fremdbewusstsein injiziert. Immer ist jemand um sie herum, der animiert und Feedback gibt. Viele Kinder sind es nicht mehr gewohnt, sich mit sich selbst zu beschäftigen. Nur noch selten sieht man die Kleinen im Sandkasten oder auf der Wiese sitzen, ganz versunken, selig vor sich hinbrabbelnd oder ein Lied für sich selbst singend. Sofort ist ein Betreuer zu Stelle und widmet sich dem friedlichen Bild. Kinder *müssen* beizeiten lernen. Später ersetzt das Fernsehen, Radio, Handy und iPod die Stimmen. Es wird nie wieder still im Kopf. Wie sollen wir uns da noch auf uns selbst besinnen?

Der gesellschaftliche Spiegel ist nicht immer der gesündeste oder gar uneigennützigste für die seelische Landkarte.

Auf dem vorgezeichneten Pfad wurden die Heranwachsenden erst mürbe und hielten gierig Ausschau nach fremdem Füllmaterial, um das Leben einigermaßen vollständig zu erleben. Aber das ist nicht der Weg zum Heil, sondern der Abstieg in ein abhängiges Dasein.

Richtig frei sind wir erst, wenn alles, und wirklich alles, was wir am eigenen Leib verändern, selbst Freude bereitet. Dann ist es egal, ob dem Partner Veränderungen auffallen oder Kritik geübt wird.

Wir würden schmunzelnd antworten: „Ich sehe so aus, wie ich mir selbst gefalle. Wer mich so nicht haben möchte, kann mich anders nicht bekommen.“

Du meinst, so macht man sich unbeliebt?

Besser ehrlich unbeliebt, als eine an Bedingungen geknüpfte unehrliche „Liebe“.

Heute frage ich nicht mehr, warum ein Mann mit mir zusammen ist, und es ist auch nicht mehr wichtig. Sollte irgendetwas an mir nicht in Ordnung sein, ist es früh genug, wenn ich es aus seinem Mund erfahren, und ich würde dann nachdenken, ob es überhaupt in meinem Akzeptanzrahmen liegt, es ihm zuliebe zu ändern.

Menschen *müssen* nicht zusammenbleiben. Erst recht nicht, wenn das Innerste aufgrund belastender Forderungen erkrankt.

An Hunden oder Katzen, nackt gezüchtet, nach Luft schnappenden, durch Augenentzündungen halb blind geworden, kannst du sehen, wie weit Menschen in ihrer Schönheitsperversität bereit sind zu gehen, nur um eigene Ideen zu befriedigen.

Meine Hunde stammen aus dem Tierheim, und die Rasse spielt dabei keine erhebliche Rolle. Vor einiger Zeit gesellte sich zu meiner Patchworkfamilie ein Dobermann. Bis dahin kannte ich diese überschwängliche, herzliche Rasse nur aus Büchern und grausigen Thrillern.

Gehe ich mit beiden durch die Stadt, wird der „Bastard“ plötzlich unsichtbar, und die Passanten loben die Rasse und das Aussehen des Adligen. Mit ihm würden sich die Menschen lieber zeigen und schmücken. Das Wesen spielt eine unwichtigere Rolle als der Ruf und die Erscheinung, die vielen Besitzern Respekt verschaffen könnte.

Bevor wir einem Partner etwas vorwerfen und bereit sind, ihn auszuwechseln, sollten wir gut überlegen, ob er sich das Zusammensein vielleicht auch etwas anders vorstellt. Jeder hat hier und da etwas zu mäkeln, doch es ist nicht alles so wichtig, um es auszusprechen und das noch harmonische Verhältnis zu vergiften. Doch manchmal *müssen* wir auch gegenhalten. *Müssen* die eigenen Anliegen verteidigen.

Vor einigen Jahren ging ich mit einem inzwischen Ehemaligen bummeln, und der Weg führte an einem Unterwäschegeschäft vorbei. Der Blick meines Begleiters heftete sich an eine der magersüchtigen Schaufensterpuppen in roter Unterwäsche, und kurz bevor der Sabberreflex einsetzte, seufzte er schnell: „Mmmh, rote Unterwäsche.“

Pech für ihn! Er kam zu spät, ich war aus der Phase „Damit du mich liebst, mache ich dir alles recht“, längst raus. Fünf Jahre eher wäre ich, obwohl blutrote Unterwäsche hassend, der Weihnachtsmann ist das harmloseste, an was sie mich erinnert, brav in den Laden gegangen und hätte mich mit Todesverachtung in den albernen Zwirn gequetscht.

Stattdessen konterte ich: „Oh ja, lass uns gemeinsam hineingehen, uns beiden etwas gönnen. Ich wette, in diesem schönen Rot gibt es auch Lackstrings für den Herren."

Sendepause … Und dann seine Reaktion, mit angewidertem Blick:

„Das kannst du vergessen, wie bist du denn drauf?"

Das Geschäft gehört einer Freundin, daher wusste ich, sie hätte dieses schöne *Höschen für den Herrn* auch gehabt.

In der Weihnachtszeit machen wir beide manchmal Späße über die Umtauschaktionen zwischen den Feiertagen. Die Männer kamen vor Heiligabend und erwarben für ihre Damen, natürlich vollkommen uneigennützig, die tollste Spitzenware, und immer mindestens eine Nummer zu klein. Die Mädels kamen noch vor dem Jahreswechsel gelaufen, um das „liebevolle" Geschenk in etwas Bequemeres umzutauschen.

Manches Mal schüttelten wir den Kopf über den textilen Aufwand, den Frauen betreiben, um ihre Männer sexuell bei der Stange zu halten. Auf Dauer rettete die ständig wechselnde Aufmachung ja doch keine Beziehung. Immerhin hatten sie schon mal die Wäsche für den Nächsten parat.

Natürlich dürfen wir, um eine Verbindung lebendig zu erhalten, den Partner überraschen, doch wäre es für alle

Beteiligten bereichender, wenn der Schenkende selbst auch Freude dabei empfindet. Wer nicht gerne schenkt, wirkt nicht überzeugend, sondern eher unsicher.

Wir Menschen unterliegen leider so vielen Regeln von außen.

Wir *mussten* in der Schule. Wir *müssen* auf der Arbeitsstelle. Wir *müssen* auf den Ämtern. Wir *müssen* viel zu viel im Alltag. *Müssen* funktionieren. Warum sollten wir dieses *Müssen* auch noch in den eigenen Familien übermächtig werden lassen. Wenn wir zu viel *müssen,* sind wir es uns selbst schuldig, dass wir endlich weitergehen *müssen.* Raus aus der Druckkammer, raus aus der Opferrolle. Unser Wohlbefinden haben wir selbst in der Hand.

☆☆☆

Fragen an deine Selbstbestimmung

- Was macht dich in deinen Augen liebenswert?
- Wie sehr trifft dich die Kritik deines Umfelds zurzeit?
- Wie lange machen dich Komplimente zuversichtlich?
- Wie könntest du aus der Abhängigkeit von Kritik und Lob heraustreten?
- Welche Lernprogramme hast du in Beziehungen schon absolviert, und wie oft hast du diese „Fehler“ wiederholt?
- Welche Dinge sollten deine Partner/innen in Bezug auf deine Person bemerken?

- Welchen Nachteil/Vorteil hast du, wenn ein Mensch auf diese Merkmale nicht achtet?
- Worin entwickeltest du dich in der aktuellen Beziehung positiv weiter?
- Wo stehst du, ganz für dich allein, als Mensch im Beruf oder in deiner spirituellen Entwicklung?
- Weißt du genau, warum du dich manchmal leer und einsam fühlst?
- Waren wirklich immer deine Lebensgefährten/innen schuld, wenn du dich schlecht fühltest, oder eher ein mangelndes Selbstwertgefühl?
- Was tust du, um dir zu gefallen, und wie oft tust du es?
- Was bist du dir selbst wert?
- An welchem Tag hast du dich zuletzt selbst beschenkt?

☆☆☆

ICH BIN ES MIR WERT, DASS
___________________________!

Mit freundlichen Gesten zeige ich mir selbst
und anderen Lebewesen
meine aufrichtige Zuneigung.

☆☆☆☆☆

Wer sucht, der wird gefunden

Ob ein Einzelwesen die an sich gestellten physischen und psychischen Auflagen der Umwelt wohl je zu erfüllen vermag? Hinzu gesellt sich der allem unterliegende Alterungsprozess, der eigensinnig auf die Wunschliste der Eitelkeiten keine Rücksicht zu nehmen scheint.

Erstaunlich, dass das aktuelle Suchergebnis, mit dem die einstigen Beschreibungen nicht viel gemeinsam haben, am Ende die beste Wahl ist.

Da wurde von einer bestimmten Haarfarbe und Größe gesprochen. Von einer angenehmen Stimme und gutem Benehmen. Sogar von einem aktuellen Kleidungsstil oder einem angemessenen Einkommen war die Rede. Plötzlich stehen zwei Menschen, zum Paar geworden, vor uns, und wir verstehen die Welt nicht mehr, wohl aber den Spruch: Liebe macht blind.

Es geht gar nicht um Wertungen! Schönheit liegt, wie gesagt, in den Augen des Betrachters, und außerdem ist jedes Lebewesen auf seine Weise wunderbar. Doch was der Suchende „gefunden“ hat, scheint nicht das Geringste mit seiner rationalen Wunschliste zu tun zu haben.

Ein Hinweis dafür, dass selbst die durchorganisierteste Singlebörse, die kleinlich Kennungszeichen der Menschen berücksichtigt, noch lange kein Garant für erfolgreiche Partnerfindung, geschweige denn für eine andauernde Liebesbeziehung ist. Was bleibt ist dieser unerforschte X-Faktor, der darüber entscheidet, wie weit Seelen sich miteinander einlassen.

Mit dem Slogan „TÜV-geprüft“ bewerben Betreiber von Partnerschaftsvemittlungen inzwischen ihre Plattformen.

Geprüfte Menschen, wenn das keine Erfolge verspricht ... Bald wird sich ein ehrgeiziger IT-Experte an die Entwicklung des dazugehörigen Programms zum Fehlerauslesen der menschlichen Organismen machen. Hierzu passen glänzend die am Anfang erwähnten Mängelberichte.

Dennoch finden sich bis zur Aufklärung der partnerschaftlichen Irreführung die falschen Richtigen. Anscheinend ziehen wir mit der Aura Katalysatoren in den eigenen Lebenslauf. Unabhängig von äußerlichen Kennzeichen fühlen wir uns magisch von passenden Entwicklungshelfern angezogen. Körperschwingungen senden Informationen aus, und empfängliche Seelen klingen dazu in Resonanz.

Brockhaus lehrt dazu: Resonanz ist das ursprüngliche Mitklingen, allgemein das Mitschwingen von physischen Systemen. Dabei rufen die unterschiedlichen Charaktere der Gefährten auch die jeweiligen Verhaltensmuster bei uns ab, die in unserem Leben für emotionale Staus oder Probleme sorgen.

Das Unterbewusstsein weiß ganz genau, wie viel Leidensdruck es uns zumuten *muss*, damit die Motivation steigt, etwas am Lebenslauf zu ändern. Schmerz macht bewusst. Der rationale Verstand wird sich allerdings noch eine Weile fragen: „Warum immer ich?“

Einige Menschen glauben fanatisch an ein schlechtes Karma aus vergangenen Leben. So wären alle Tragödien im aktuellen Dasein die Buße, zugleich Strafe für begangene Fehltritte oder Verbrechen? Ich glaube daran, dass kein Schöpfer, das Universum oder wie die größere Macht jenseits des Verstandes auch genannt wird, über so viel Grausamkeit verfügt. Wir haben mit dem Jetzt der aktuellen Ursache und deren Wirkung hinlänglich zu tun. Aber verweigern wir uns eisern, uns den Problemen zu stellen, werden wertvolle Erkenntnisse blockiert. Erst nach der Bewusstwerdung des Geschehens erkennen die Menschen einen Irrlauf schon von weitem, und deshalb *müssen* sie einen alten Weg nicht weiter einschlagen.

Wenn ein Kind nicht weiß, wofür es bestraft wird, wird ihm die Strafe unrecht erscheinen und die Lektion keine Früchte tragen. Wir gastieren zum Lernen auf dieser Erde, um zu erfahren, nicht um bestraft zu werden. Auch wenn das Leben mit heiklen Aufgabenstellungen, nicht zuletzt in Beziehungen (wir ziehen in der Tat kräftemessend aneinander), schon wie ein Fegefeuer erscheint. Und wer kann daran etwas verbessern? Nur wir selbst!

Nach und nach meistern wir psychische Hürden und entwickeln die Bereitschaft, Blockaden loszulassen.

Menschen, die sich zum Paar finden, haben etwas miteinander zu erledigen. Sind Symbiosen. Beide Parteien werden um einige Erfahrungen reicher aus der Begegnung hervorgehen. Ganz ohne Wertung, ob die Allgemeinheit das Erlebte für gut oder schlecht erachtet, für die Betroffenen sind die Ereignisse unumgängliche Schritte auf der Leiter einer persönlichen, geistigen Entwicklung. Existierten Schwierigkeiten nicht, könnten Harmonien nicht im Ansatz spürbar werden. Der Kontrast lässt das jeweils andere leuchten. Die Natur macht es immer wieder vor:

Licht und Schatten, Tag und Nacht, Männlich und Weiblich, Sommer und Winter, Heiß und Kalt, Jung und Alt. Das eine kann ohne das andere nicht sein. Keine Ruhe ohne Tanz.

Warum entwickeln manche Männer eine Vorliebe für herrische, bestimmende Frauen? Sie empfinden anschmiegsame Püppchen schlichtweg als langweilig. Warum fallen einige Frauen immer wieder auf Männer herein, die sie misshandeln und demütigen? Einen gutmütigen stillen Mann würden sie vermutlich als langweilig und zu weich empfinden.

Wer kennt nicht den Leierkasten, wenn wir enttäuschten Freunden versuchen, Trost zu spenden. Wir raten ihnen zur Umkehr, reden mit Engelszungen auf sie ein, appellieren an ihren gesunden Menschenverstand, mit dem Ergebnis, dass sie wenige Tage später mit verzückter Stimme anrufen und versichern, es sei alles nur ein Missverständnis gewesen, und sie hätten ja selbst auch überzogen gehandelt. Oder sie wagen zyklisch Neuanfänge, lassen sich vom Schicksal weiterreichen, in Begleitung eines/einer geklonten Ex, der/die ihnen den Rest zur Läuterung besorgt. Der Krug geht zum Brunnen, bis er bricht. Manchmal kapiert der/die Geschädigte die Beschädigung lange Zeit nicht. Bis dahin könnte man den Ratsuchenden ebenso eine Münze zur Hilfestellung zu werfen, bis der Groschen in ihrem Inneren gefallen ist.

Ist der Schüler bereit, zeigt sich der Meister. Aber erst, wenn die Zeit reif ist. Bis dahin gehen die weisesten Ratschläge gehört, aber unverstanden ins Leere und die Lektionen in die Wiederholung.

Und wer möchte bis dahin die Verantwortung für das Leben eines Freundes oder einer Freundin übernehmen, nur weil er einen Rat gegeben hat?

Im Zusammenleben gibt es keine Gewinner oder Verlierer. Beide Parteien ziehen Nutzen, der nur zunächst wie ein Schaden ausschaut. Menschen interpretieren, spiegeln sich ineinander. Was mag da zutreffender sein? Gleich und gleich gesellt sich gern, oder Gegensätze ziehen sich an? Beides!

Am Ende eines Reifeprozesses werden alle erdenklichen Erfahrungen durchlebt sein, und es gibt nur noch wenige Handlungen, für die wir kein Verständnis aufbringen. Wir hatten viele Schuhe selbst schon an und wissen aus tiefem Herzen, warum Menschen dies oder jenes getan haben. Wir sind in allem und alles ist in uns.

Gegensätze sind dazu da, zu klären, was wir nicht wollen.

Ich erinnere mich an eine Klientin, die über Jahre mit einem sehr netten, aber konservativen Mann liiert blieb und es sich zur Aufgabe machte, ihn lockerer beziehungsweise offener für ein spontaneres Leben zu machen. Er wünschte sich ein Häuschen und Kinder. Die Beziehung war von Anfang an zum Scheitern verurteilt, und auf Außenstehende müssen die Szenen, die die beiden sich lieferten, erschreckend gewirkt haben. Doch zum guten Schluss wussten beide ziemlich sicher, wo sie standen und was sie vom Leben erwarteten. Manchmal sind eben kleine Umwege nötig.

Wir bekommen nicht die Partner, die wir suchen, sondern werden von denen gefunden, die wir brauchen! Dabei verändert jede Begegnung das Leben ein wenig, lenkt, formt, verletzt, aber bereichert auch das Sein.

Mehr Sein als Schein, zum Ziel.

Eine junge Amerikanerin erklärte, sie schäme sich so sehr für ihren kleinen Busen, und sobald sie ausreichend finanzielle Mittel zur Verfügung habe, würde sie als Erstes eine Brustvergrößerung vornehmen lassen. Sie war ausgerechnet mit einem Mann liiert, der keine Gelegenheit ausließ, ihr zu verstehen zu geben wie anziehend er eine üppige, weibliche Oberweite empfand. Immer wieder setzte er die Frau mit demütigenden Kommentaren unmöglichen Situationen aus. Was war ihre Lektion?

Natürlich könnte sie sich einer schmerzhaften Operation unterziehen. Doch mit welchem Ergebnis?

Würde der Mann dann aufhören, auf fremde Brüste zu starren, es unterlassen, die Oberweite von gemeinsamen, weiblichen Bekannten zu dokumentieren? Und möchte sie es zu ihrem Lebensziel machen, für ihre Brust geliebt zu werden, die ja nach einem Eingriff eigentlich gar nicht ihre Brust wäre? Welche Mängel würde der Kritiker wohl als Nächstes an ihrem Körper ausfindig machen?

Ja, die „Liebe“ ist ein Kettenhemd. Schützend vertraut zwar, aber auch schwer und zuweilen erdrückend.

Frieden finden könnte die junge Frau, wenn sie darüber reflektiert, warum sie ausgerechnet immer wieder auf Männer stößt, die sie wegen einer hinreißenden Optik zunächst zur Partnerin wählen, um dann doch nach und nach negative Stellungnahmen abzugeben.

Somit versiegen die von ihr so sehr benötigten Komplimente, und sie fühlt sich ungenügend. Was kann sie gegen ihre Selbstzweifel tun? Weiter darauf hoffen, dass fremde Stimmen sie den Rest des Lebens besänftigen?

Besser wäre zu üben, sich selbst zu lieben, wieder zum seelischen Selbstversorger zu werden, sich zu akzeptieren und anzunehmen, wie Gott sie geschaffen hat. Vor allem sollte sie sich von Männern finden lassen, die eine kleine natürliche Brust nicht zu einer Behinderung degradieren.

Wenn wir für ein bestimmtes Körpermerkmal mehr Zuneigung erhalten, werden wir genau für dieses Markenzeichen auch irgendwann den Laufpass bekommen. Der Mensch verändert sich ständig. Dabei stehen wir in einer Wechselwirkung zueinander. Bilden eine Schnittmenge.

Die Lektion des selbstgefälligen Liebhabers könnte sein, dass ihn bald jemand auf seine Lackfehler aufmerksam macht. Er wird beizeiten seine(n) Meister(in) finden. Auch seine Hülle ist nicht unverwundbar, und meistens treffen Schläge die schwächste Stelle. Hochmut kommt vor dem Fall.

Ganz bewusst half ein Klient in Eigenregie der Partnersuche auf die Sprünge. Dabei bevorzugte er Damen, die aus dem asiatischen Raum stammten und nicht anderes im Sinn hatten, als eine Reise nach Europa anzutreten. Wer will es ihnen verdenken?

Aus ihrem Blickwinkel glitzert die technisierte, hoch entwickelte Welt wie ein Schlaraffenland. Die seelische Verarmung, die der tägliche Druck zu Erhaltung des ganzen Plunders mit sich bringt, und den geforderten Tribut sehen die Frauen erst, wenn es schon zu spät ist.

Mir war bekannt, dass der Mann einige Enttäuschungen im Zusammenhang importierter Liebe hinter sich hatte, und ich war neugierig geworden, worin sein wiederholter Antrieb lag.

Brutal ehrlich dokumentierte er, dass die ganze Sache nichts anderes als ein Deal wäre. Er war der Ansicht, selbst keine Schönheit zu sein, also rechnete er sich unter der einheimischen Weiblichkeit keine allzu großen Chancen aus. Die ausländischen Frauen wünschten sich ein bequemeres Leben und waren bereit, dieses mit einem Mann zu wagen, den sie kaum kannten. Sie „trauten" sich.

Trotz der Eigeninszenierung bekamen beide Parteien die Lektionen von der Ehe erteilt, die ihre Seele zur Entwicklung benötigte und das Leben schicksalhaft veränderte. Alle Beteiligten hätten aber auch jederzeit eine andere Wahl gehabt. Im Übrigen war der etwas füllige Mann längst nicht so unansehnlich, wie er sich selbst sah. Leider kam ich nicht mehr dahinter, wer ihn seine Minderwertigkeit gelehrt hatte.

Wir Menschen ergänzen uns nirgendwo glänzender als in Partnerschaften, wenn auch nur vorübergehend. Der Lahme wird von der Quirligen flottgemacht. Die unnahbare Nuss wird vom herzlichen Seelchen geknackt oder trifft zunächst jemanden, der noch kälter wirkt, und wird bald in einer Eisburg der Gefühle hausen, die unerträglich scheint. Dann kommt der warmherzige Retter ins Spiel. Alles zu seiner Zeit. Wir wandeln auf der ewigen Suche nach dem eigenen Märchen. C.G. Jung bezeichnet die dabei gesuchten, immer wiederkehrenden Figuren als Archetypen. Begleiter ersetzen Urbilder von Helden und Beschützern, weisen Frauen, tapferen Kämpferinnen, die für eine aufrichtige Liebe kämpften. Menschen spiegeln sich noch immer Hilfe suchend in ihnen, erst recht aktuell, in einer technisierten, seelenlosen Welt.

Meine Auserwählten standen stets im Schatten des zu früh verstorbenen Großvaters. Er war mein erster bewusster Held und Beschützer. In seiner Anwesenheit traute sich niemand mehr, nicht einmal die Eltern, irgendetwas gegen meinen kindlichen Eigensinn zu unternehmen. Ich erinnere mich gut an seine ausladende Statur. Einem kleinen Mädchen erscheint ein erwachsener Mann noch viel riesiger. Natürlich konnten mir im späteren Leben meine Beschützer nicht massiv genug sein.

Rücksichtslos und liebenswerte Gefährten verletzend, schoss ich über das Ziel hinaus. Heute bin ich mir sicher, dass sie ebenfalls Entwicklungsvorteile aus der Bekanntschaft zogen. Nicht zuletzt profitierten meine Nachfolgerinnen aus der Entfaltung der Männer.

Irgendwann zeigte sich mein neuer Meister und schenkte mit folgender schmerzhaften Trennung endlich eine Transformation in die seelische Unabhängigkeit. Die eigens aufgestellten Regeln wandten sich am Ende gegen mich, indem der Lebensgefährte die Auflagen, die ich an eine Partnerschaft und die Erscheinung eines Mannes stellte, aufs Extremste auslebte und mir endlich klar wurde, dass ich mich und andere Menschen mit unnützen Vorgaben bald zugrunde richten würde.

Ich *musste* endlich lernen, mich selbst seelisch zu befriedigen. Mein Denken brauchte eine Wurmkur.

Die Mongolen sagen, nach einem Steppenbrand sei zwar alles verwüstet, doch es entstehe so unendlich viel Raum für Neues.

Meine persönliche Entwicklung entpuppte sich zur echten Läuterung, mit dem Ergebnis eines erweiterten Blickwinkels. Das bedeutet jedoch keinesfalls, dass ich nicht hier und da gerne den Schutz eines kräftigen Mannes genieße. Männer *müssen* Männer bleiben, doch auch eine gewisse Schwäche zulassen dürfen, ohne dabei die Stärke der Frauen zu provozieren.

Wenn Menschen klar erkennen könnten, wie sehr eine vorgefertigte, kleinliche Meinung die Partnerwahl behindert, würden sie noch in dieser Sekunde davon ablassen.

Sie empfände es schon als störend, auf welche Weise ihr Date einen Schokoriegel auspacke, meinte eine Mittdreißigerin. Ein Stück Schokolade entscheidet über die Dauer einer Bekanntschaft zwischen Mann und Frau? Und sie wundert sich, dass sie keinen passenden Mann findet?

Die Dame trägt keinesfalls eine eklige Warze auf der Nase. Allerdings haben ihre Ansichten über Männlichkeit einige Beulen.

☆☆☆

Fragen an dein Wunschdenken

- Wie sehr ähneln die Personen, in die du dich verliebst, deinen Wunschvorstellungen?
- Wie sehr waren die Personen bis ins Detail perfekt, und wie perfekt bist du selbst?
- Wie viel haben eure Maßstäbe mit echter Liebe zu tun?
- Warum fühlst du dich von ganz bestimmten Menschen angezogen, und wie nährend sind diese Verbindungen für dich wirklich?
- Wann hast du vor Veränderungen in Beziehungen zurückgeschreckt, um neue Erfahrungen zu verhindern?
- Was wäre passiert, wenn du an wichtigen Punkten genau gegensätzlich gehandelt hättest?
- Warum, glaubst du, wurdest du auf diese Erde geboren?
- Wann erlebst du Harmonie mit dir selbst und anderen besonders intensiv?
- Wann hast du es jemals geschafft, einer Freundin/einem Freund den Partner vorzeitig auszureden, und wie gingst du mit deiner Verantwortung dafür um?
- Welchen Sinn hatten deine vergangenen Beziehungen, oder warum hältst du die Zeit immer noch für vertan?
- Was tust du, wenn du bemerkst, dass ein Mensch nicht zufrieden mit dir ist?
- Was bringt dir dieses Verhalten auf Dauer ein, und wer ist letztendlich damit glücklich?

- Sind deine Reaktionen immer noch angebracht, oder was könntest du stattdessen Effektiveres tun?
- Worauf könnte das Zusammensein mit dir andere Menschen eventuell vorbereitet haben?
- Wie starr sind deine Bedingungen an Menschen, die du an deiner Seite wünschst, und wie sehr behinderst du dich selbst damit?
- Wie wichtig sind kleinliche Kriterien wirklich, und würdest du dir wünschen, dass andere Menschen mit dir genauso pingelig verfahren?

☆☆☆

Jede Verbindung lässt mich wachsen.
Meine Entwicklung schreitet sicher weiter.

☆☆☆☆☆

Kompass der Sinnesorgane

Denken wir an Zauberkunststücke, liegt die Vermutung nahe, dass die Augen die am leichtesten zu täuschenden Sinnesorgane sind, und doch verlassen wir uns auf sie bei der Partnerwahl am meisten. Der Volksmund behauptet, dass Liebe blind macht. Albert Schweitzer meinte immerhin versöhnlich: „Die Liebe ist einäugig. Gänzlich blind ist nur der Hass."

Sind wir denn zuweilen nicht tatsächlich blind vor Liebe oder vor Wut? Von Blindheit geschlagen. Lassen uns die Augen zuschmieren. Verschließen die Augen oder schauen lieber weg, wenn eine Situation unangenehm ist, wollen sie gar nicht erst sehen.

Alle Gefühlsausbrüche, die außer Kontrolle geraten, gehen anscheinend schwanger mit kurzweiliger Blindheit. Nachdem die Normalität ins Hirn zurückgekehrt ist, können wir die begangenen Taten selbst kaum fassen. Ein guter Anwalt erwirkt für Klienten mit dem Beweis ihrer Unzurechnungsfähigkeit sogar eine zügigere Rückkehr in die Freiheit.

Sinnestäuschungen der Augen sind vorübergehend. Zu sehr sind wir eskortiert von Oberflächlichkeiten aufgewachsen. Bald schon bemängeln wir das Erwählte, oder unser Umfeld greift uns mit fachmännischer Menschenkenntnis unter die Arme. In der Partnerwahl ist außer der Befriedigung des eigenen Auges auch das unseres Umfelds wichtig. Mit schlotternden Knien führen wir den Eltern oder Freunden die neue Errungenschaft vor und hoffen auf Absolution. Nur selten kündigen wir Vertrauten die Freundschaft zugunsten des neuen Eindringlings. Und wenn doch, dann teils aus Trotz oder Stolz, um die eigene Urteilsfähigkeit gar nicht erst infrage stellen zu lassen. Aber die Zweifel sprießen wie frisch rasierte Bartstoppeln flink wieder nach.

Dazu haben wir eben ein spezielles Bild im Kopf, wie ein Pärchen im erstklassigen Fall auszusehen hat. Wieder sind die Barbies und Kens, Brads und Angelinas, Pams, und wer noch alles, die Mensur. Mit freundlicher Unterstützung der Regenbogenpresse sollten wir längst verstanden haben, dass diese Beziehungskisten genauso wenig funktionieren wie bei den Sabines, Udos, Angelikas und Stefans.

Je pompöser eine Sache beginnt, sich an theatralischer Schaustellerei nährt, desto poröser die Konsistenz der Verbindung.

In meinem Heimatort machen sich die Menschen gerne lustig über den gebotenen Prunk allzu aufwändiger Hochzeitsarrangements. Man mag den Dorfbewohnern Neid, immerhin die ehrlichste Form der Anerkennung, unterstellen, doch sie recherchieren gründlich. Tatsächlich hatte keine der Ehen, die am schönsten Tag des Lebens mit einer weißen Pferdekutsche ins Glück trabten oder mit aufwändig dekoriertem Sportwagen in die Flitterwochen sausten, einen erwähnenswert langen Bestand.

Aber hervorragend sahen die Brautpaare zumindest aus bei ihren verzweifelten Versuchen, eine tadellose Partnerschaft zu führen. Sämtliche Beobachter waren im Fall einer Trennung sichtlich bestürzt.

„So ein schönes Paar. Es schien immer so harmonisch."

Perfekt inszeniert eben. Das *Muss* funktioniert nur begrenzt. Echte Liebe braucht keine Zuschauer und ernährt sich ohne Applaus.

Wer ehrlich ist, kommt nicht drumherum, sich seine niederträchtigen Gedanken beim Anblick eines ungleichen Paares einzugestehen.

„Was will der denn mit der?" oder „Er sieht viel zu gut aus für sie", und „Die wird er nie halten können. Hat er/sie überhaupt einen Job?"

Die Schöne und das Biest, so reizvoll, so verzaubernd und in der eigenen Historie eher peinlich. Die schönsten Liebesgeschichten enden immer tragisch. Die Frage, wie sich der Neue in ein wichtiges Geschäftsessen mit seiner gewohnten Rockerkluft integrieren lässt oder die gänzlich unsportliche, etwas zu pummelig geratene Dame des Herzens wohl im Tennisklub ankommt, versetzt die Liebenden in Unsicherheit. Schließlich möchten wir uns mit dem Partner schmücken und uns nicht für ihn schämen müssen.

Aufdringlich bettelte eine Klientin in der Öffentlichkeit um sichtbare Zeichen ihres Geliebten. Dauernd *musste* er ihre Hand tätscheln oder ihr Wein nachgießen, sie küssen oder eine Haarsträhne aus ihrem Gesicht streichen, nur damit das Umfeld bemerkte, wie sehr er sie „liebte". Ich fragte einmal, ob ihr das nicht ein wenig wie Sklavenhandel vorkäme. Sie züchtete sich eine Marionette, und es dauerte nicht lange, bis der arme Teufel ihr mit seinem Getue auf die Nerven ging.

Vor über zwanzig Jahren hatte ich einen Bekannten, der unter einer seltenen Schlafkrankheit litt, er tat mir aufrichtig leid, und trotzdem machte es mich fuchsteufelswild, wenn er wieder einmal eine Schlafattacke hatte. Er nickte sogar auf Partys von der einen auf die andere Sekunde ein und registrierte für Minuten nicht mehr, was um ihn herum geschah. Als wären seine Probleme nicht schon schlimm genug, schämte ich mich zusätzlich, weil es für die anderen Gäste so aussah, als wäre ich todlangweilig, zum Einschlafen eben. Das Ganze schien jedenfalls in diesen schläfrigen Augenblicken nicht mehr so, als fühlte er sich in meiner Gesellschaft wohl unterhalten. Dabei hatte alles gar nichts mit meiner Anwesenheit zu tun. Eigentlich wollte ich mich nur nicht blamieren.

Hand aufs Herz. Wen quälten selbstzweifelnde Gedanken nie in ähnlicher Form? Alle wurden mit Vergleichen und Messen im Wettbewerb groß. Wem gelingt es, Programmierungen einfach abzulegen? Für seelische Kurzsichtigkeit *müssen* wir uns aber auch nicht schämen. Eher sollten wir uns gegenseitig für die Eingeschränktheit und Beschränktheit bemitleiden, die mit fremdgesteuertem Denken einhergehen, und sie dann schnellstmöglich ablegen und gegen Liebe, Offenheit und Weitblick eintauschen.

Wie in meinem Buch „Was heißt denn hier arbeitslos?" will ich wieder den herzsehenden Autor, Antoine de Saint-Exupéry, ins Spiel bringen:

„Man sieht nur mit dem Herzen gut. Das Wesentliche ist für die Augen unsichtbar."

Doch wer traut sich heute wirklich, mit dem Herzen zu sehen? Die Ablenkungsmanöver der luxusorientierten Welt sind zu massiv. Wir *müssen* funktionieren.

Ich fragte blinde Menschen, wie sie sich verlieben. Eine junge Frau erzählte mir, dass sie sich über Jahre permanent zu demselben Typ Mann hingezogen gefühlt habe, und immer waren die Beziehungen zu Bruch gegangen. Seit ihrer Augenerkrankung achte sie vermehrt auf den Klang der Stimme, was der Mensch von sich gäbe und wie er sie behandele. Die Partner an ihrer Seite hatten mit den Verflossenen nicht mehr das Geringste gemeinsam.

Natürlich unterliegen blinde Männer auch nicht mehr dem kritischen, weiblichen Auge. Vielleicht macht das ihre Beziehung auch lockerer, weil das Auge nicht ständig vom Wesentlichen abgelenkt wird.

Wahrscheinlich käme ein hoffnungsloser Narzisst mit einem blinden Menschen nie zusammen. Wer sollte ihn dann bewundern und ihm täglich sagen, wie schön er ist?

In der Tat ist es Blinden gleichgültig, wie ein Mensch aussieht, und das sollte es den Sehenden ebenfalls sein. Oder waren bisher die kritischen, voreingenommenen Augen so zuverlässig? Wir sind verdorben durch Beeinflussungen durch die Medien und Meinungen der Mitmenschen und haben vergessen, wie Menschen eigentlich aussehen. Kleinkinder geben uns noch die Möglichkeit, zu erkennen, wie Menschen in ihrer Ursprünglichkeit funktionieren, und sie selbst blicken mit einem unverdorbenen Instinkt hinter die Maskeraden und dokumentieren sie manchmal gnadenlos. Es existieren keine Menschen, die bereits mit lila

Augenlidern oder drei Zentimeter langen Augenwimpern zur Welt kommen. Im Gegenteil. Der anwesende Geburtshelfer würde eher auf eine Behinderung tippen.

Der Alltag duldet dauerhaft keine perlenverzierten, silbernen Fingernägel. Unsere Haare schimmern im herkömmlichen Bürolicht nicht zinnoberrot. Zehn Zentimeter hohe Stöckelschuhe sind wenig funktionell in einem Sandkasten mit quietschenden Kindern. Der Waschbrettbauch des Papas ist dem liebenden Blick der schaukelnden Tochter scheißegal. Kinder lieben und sehen noch klar mit dem Herzen. Ohne Einschränkung. Warum rauben wir ihnen diese schöne Aussicht mit unserer Voreingenommenheit? Auch wir waren einst Herzsehende!

Wer jedermanns Auge erfreuen will und sich ausschließlich in den Kommentaren seiner Mitmenschen spiegelt, hat ein ernstes, nicht zu bewältigendes Problem, sofern er nicht selbst gewillt ist, den verschrobenen Blickwinkel zu ändern, und augenblicklich lässt ihn der Blickwinkel wichtigtuender Kritiker unberührt.

Irgendwann fragte ich mich ernsthaft, was es an meiner Situation tatsächlich ändern würde, ob ich jemandem optisch zusagte oder nicht. Es beeinflusst mein Leben auf Dauer weder positiv noch negativ. Wir können einem Menschen auch nicht helfen, dem wir nicht gefallen, doch sollten auch die Letzten sein, die darunter leiden. Was will man machen unter so vielen, von Blindheit Geschlagenen? Wegsehen oder ebenso oberflächlich über sie hinwegschauen! Auch die „Oberen“ haben alle noch nicht an ihr Ende geschaut.

Weiter *müssen* wir ja nicht nur gut aussehen, sondern obendrein gut riechen.

„Ich kann diesen Menschen nicht riechen“, sagte einst etwas darüber aus, wie wenig wir jemanden mögen. Inzwischen hat das Riechen eine ganz andere Bedeutung.

Am Morgen steigen wir aus weichgespülten Bettlaken. In den Steckdosen hängen Patronen, die in regelmäßigen Abständen chemischen, wohlriechenden Duft in die Umgebung pumpen. Wir duschen mit der Brise des arktischen Meeres und cremen den Leib im Anschluss mit dem samtigen Geruch der Lotusblüte. Haarwäsche erfolgt mit Apfelshampoo, gestylt wird mit der Kraft, die jedem Wetter standhält.

Auf unsere Haut schmiegt sich der kuschelweich gespülte Pullover, behaftet mit einem Hauch des angesagten Designerparfums. Beim Öffnen der Autotür schlägt uns der Geruch *frischer* Kokosmilch entgegen.

Menschen können sich in der Tat alle nicht mehr riechen, und dabei stinken wir zum Himmel.

Noch ein Sinnesorgan weniger, das wir bei der verzweifelten Suche nach dem optimalen Gegenüber zu Rate ziehen könnten. Die Menge der Chemikalien im Hinterkopf, die unseren Körper bedecken, veranlasst mich, auf die Geschmacksorgane nicht mehr näher einzugehen.

Hören wir dem Gegenüber wenigsten gut zu? Ich brauchte bei meiner Arbeit als Fitnesstrainerin lange Zeit, mich daran zu gewöhnen, dass die jungen Mitglieder mir keine Antwort mehr gaben. Achtzig Prozent sind mit ihrem MP3 Player verkabelt, zehn Prozent klimpern auf ihrem i-Phone oder quatschen in ihr Headset.

Glückliche, restliche zehn Prozent Urmenschen schätzen das persönliche Gespräch mit Blick in ein lächelndes Gesicht.

Meistens fehlt die Zeit nachzufragen, was ein Mensch mit seinen Aussagen tatsächlich ausdrücken wollte.

„Wie meinst du das?“

Diese kurze Frage wäre in der Lage, massenhaft Missverständnisse zu eliminieren. Notieren wir einen Satz, und nur drei Menschen schreiben still nieder, wie sie diesen Satz interpretieren, entstehen grundlegend verschiedene Geschichten, sodass ein Zuhörer auf keinen Fall den Ausgangssatz dahinter vermuten würde.

Termine drängen, es würde zu lange dauern, auf Gesagtes einzugehen. Wir fühlen uns nur noch gehetzt. Apropos Fühlen.

Weich *müssen* die Liebkosten sich anfühlen, sonst berührt man sie nicht gerne. Die geschichtenerzählende, raue Hand eines alten Holzfällers drückt man nicht gerne. Die sonnengegerbte Haut einer Bäuerin verrät uneben ihr Alter. Zu ungepflegt.

Wer etwas auf sich hält, streichelt pralle Busen, flache Bäuche, runde Bizeps, knackige Pos und enthaarte Brüste. So wünschen wir das Leben. Alles glatt bitte.

Entwicklungshelfer kämpfen verzweifelt gegen schmerzhafte Beschneidungen junger Mädchen und Frauen.

Die Beschneiderituale der westlichen Welt geschehen im Dienst der Schönheit. Wir *müssen* das Auge und die Tastsinne der Fremden zufriedenstellen, nur von ihnen akzeptiert scheinen wir uns wohl zu fühlen.

Nomadische Völker behaupten: Der schlimmste Wolf steht auf zwei Beinen.

Gott erhalte dauerhaft die jugendliche Unversehrtheit!

Wer unversehrt zur Welt kam und bisher unverletzt blieb, hat gut reden, steht verblendend da.

Vor einiger Zeit diskutierte ich mit einigen, aus dem Blickwinkel der Fitnessmaschinerie, blendend aussehenden jungen Männer über den Anstieg der Selbstmorde, und ich erklärte mir diese traurigen Vorkommnisse mit der allgemeinen Überlastung der Menschen zuzüglich überwältigender Existenzängste.

Einer der Jungs meinte, wirtschaftlicher Mangel wäre für ihn kein Grund, sich das Leben zu nehmen, und überhaupt könne er sich nie vorstellen, durch eigene Hand aus dem Leben zu scheiden. NIE? Das ist ein hartes Wort.

Jedenfalls schwenkte das Gespräch auf die verschiedenen Arten der Sexualität um, und einer meinte, Homosexualität könne er nicht akzeptieren, das sei unnormal. Dagegen *müsse* jeder angehen. Sagt auch sein Vater!

„Was ist mit den Kühen?“, fragte ich ihn.

„Was soll mit den Kühen sein?“

„Hast du noch nie gesehen, dass Kühe sich bespringen? Rüden gegenseitig Zärtlichkeiten austauschen? Männliche Affen sich einander annähern? Auch in der Natur gibt es Homos.“

Es ist doch Wurst, welche Form Sexualität ein Mensch bevorzugt, so lange niemand darunter leidet oder zu Handlungen gezwungen wird. „Abnormalität“ tut sich in einer verbohrten Gesellschaft kein Mensch freiwillig an.

Ich erzählte von einer Kundin, die sich, ohne jemals eine sexuelle Vorliebe für Frauen gehabt zu haben, in eine Frau verliebt hatte und selbst nicht mehr verstand, wie ihr geschah.

Während eines Discobesuchs hatte sie die Frau auf der gegenüberliegenden Thekenseite entdeckt und geriet sogleich ins Schwärmen. Gleichzeitig erschrak sie, weil ihr bewusst war, dass sie diesen Menschen schon einmal gesehen hatte, und sie wusste nur zu genau, dass es eine Frau war. Jedenfalls wurden die beiden für einige Jahre ein Paar. Vielleicht ist wahre Liebe doch geschlechtslos? Zurzeit lebt sie jedenfalls mit ihrem Mann und den Kindern in einer glücklichen Familie.

Mit den schönen Jungs war ich auf einmal beim Thema Zwitter gelandet. Menschen, die sowohl mit weiblichen als auch mit männlichen Geschlechtmerkmalen zu Welt kamen und sich nun mit einem abnormalen Körper arrangieren *müssen* oder die Chirurgie zu Rate ziehen. Hut ab vor all den Menschen, die es schaffen, sich selbst anzunehmen. Lange Zeit verstecken sie ihren Körper jenseits der DIN und fliegen tatsächlich erst durch Befühlen der Umwelt auf.

Wie aus der Pistole geschossen rief der überzeugte Nie-Sager: „Ja, das wäre ein Grund! Mit diesem Schicksal würde ich mich selbst töten!“

NIE ist ein hartes Wort, doch das Leben mit seinen Lektionen schenkt uns immer wieder die Chance zum Abschwören.

Zwitter zu sein halte ich für keinen Grund, sich das

Leben zu nehmen, aber ich hatte die Schuhe ja auch noch nicht an.

Ich würde sagen, nur was Menschen ängstigt, finden sie hässlich.

Sind Spinnen, Leguane und Ratten wirklich hässlich?

Manche Menschen leben freiwillig mit ihnen in einer Gemeinschaft.

Und wieder liegt die Schönheit hinter den Augen und nicht in den Protokollen der Mitmenschen. Alle Geschöpfe sind Teil des Universums, teilen das gleiche Schicksal.

Unser Leben ist nur ein Provisorium.

☆☆☆

Fragen an dein Urteilsvermögen

- Wie wichtig sind dir Zeichen der Liebe deiner Partners/ deiner Partnerin in der Öffentlichkeit, und was sagen diese Gesten wirklich aus?
- Wie wichtig wäre dir das Aussehen deines Gegenübers, wenn du blind wärst, und an welchen Kennzeichen würdest du dich vielleicht stattdessen orientieren?
- Was unternimmst du, wenn du bemerkst, dass ein Mensch unzufrieden mit dir ist?
- Was könntest du stattdessen Besseres für dich unternehmen?

- In welchem Zusammenhang *musst* du deinem Partner/deiner Partnerin sagen, wie wunderbar er/sie ist, und empfindest du in diesem Augenblick wirklich so?
- In welchen Lebensphasen lässt dich die Kritik an deiner Person kalt, und warum ausgerechnet dann?
- Was könntest du beim nächsten Mal tun, damit du wieder so cool reagierst?
- Auf welches deiner Sinnesorgane konntest du dich bisher immer gut verlassen?
- Woher weißt du immer so genau, was ein Mensch mit seinen Aussagen ausdrücken will?
- Was machte dich schon einmal lebensmüde, und wie kamst du aus dieser Stimmung wieder heraus?
- Du bist immer noch hier, also warum sollte die Heilung mit etwas Geduld nicht noch einmal funktionieren?
- Wann warst du schon mal in jemanden verliebt, der/die nicht der gesellschaftlichen Norm entsprach, und welche Freiheiten ergaben sich für dich persönlich daraus?

☆☆☆

Ich bin vollendet in meiner Form.
Eine große Kraft schickte mich
in dieser Gestalt zur Erde.

☆☆☆☆☆

Drama Trennung?

Ohnmächtigkeit übermannt das Herz, wenn ein geliebter Mensch Liebe, Freundschaft und die Zuwendung aufkündigt.

Wer wird schon gerne verlassen? Manchmal versucht der Geprellte im letzten Augenblick, das Blatt unter aller Anstrengung zu wenden, hofft auf Bewährung und gibt sich noch mehr Mühe, dem Gegenüber zu gefallen, es zu besänftigen, Dinge noch besser zu tun, die wir immer tun *mussten,* damit wir geliebt wurden. Meistens ist es jedoch bereits zu spät, zum Beispiel, weil sich ein anderer Mensch eingemischt hat. Die Unzufriedenheit bevorzugt fliegende Wechsel. Regelrecht schubst ein Neuzugang alle Beteiligten in ein umstrukturiertes Leben. Unter Schmerzen werden die Karten neu gemischt.

Einmal, als ich selbst in die „Wüste" geschickt wurde, ertappte ich mich verzweifelt bei dem Gedanken: „Oh Gott, was mache ich denn jetzt?"

Plötzlich auf mich allein gestellt, benötigte der Tagesablauf eine Reform. Ab sofort *musste* ich gar nichts mehr für meinen Partner tun, und es war verdammt schwer, die gewonnene Freiheit zu akzeptieren und mit Neuem zu füllen.

Irgendwie lockte es mich ans Rheinufer.

Ich wurde so dicht am Rhein geboren, dass die Hebamme mich ohne Anstrengung aus dem Fenster ins Wasser hätte schleudern können. Unweit der Stelle, an der ich als kleines Mädchen einst spielte, ließ ich mich traurig auf einer Bank im Schatten einer Marienfigur nieder und haderte mit dem Leben, bat im Stillen um ein Wunder, das sich natürlich so darstellen sollte, dass alles nur ein Irrtum war und der Abtrünnige sich es doch noch anders überlegen würde.

Das Leben war abrupt fad geworden. Und das nur, weil ein einziger Mensch sich abgewandt und obendrein Probleme hinterlassen hatte. Mit gesenktem Haupt, gefallen an den tiefsten Punkt des Jammertals, vernahm ich ein summendes Geräusch. Unter mir, am Ende der Treppenstufen, parkte ein Behinderter seinen Rollstuhl. Ich fühlte mich in meinem Schmerz gestört, wollte niemanden mehr sehen.

Der komplette Körper des Manns war verzerrt, und anscheinend war es ihm nicht möglich, seinen Kopf unter Kontrolle zu halten, was durch den Zwanzigsekundentakt, in dem er mühsam die Uhrzeit prüfte, noch deutlicher wurde.

Offenbar hoffte er, jemanden zu treffen. Anscheinend hatte er mich nicht bemerkt, und ich wollte ihn nicht erschrecken. Entschlossen verzichtete ich auf einen Gruß.

Nach einer Weile hob er, nach jedem Blick auf die Uhr, den Kopf in meine Richtung und schaute mir durch dicke Brillengläser eindringlich in die Augen. Schweigend. Gleichzeitig wurde sein Gesichtsausdruck betrübter. Er wartete vergeblich auf seine Verabredung.

Für gewöhnlich war ich selbst mit fremden Menschen auf ein kleines Gespräch aus, doch an diesem Tag fehlte mir die Kraft. Außerdem hatte ich Angst davor, was er mir erzählen könnte. Zusätzliches Elend wäre an diesem grauen Tag einfach zu viel für meine angeschlagene Seele gewesen.

Wir wechselten kein Wort, und trotzdem teilte er mir inständig schweigend etwas mit.

Etwa eine halbe Stunde später blickte er mich ein letztes Mal an, schenkte mir ein warmes Lächeln, löste die Bremse seines Gefährts und fuhr das Flussufer entlang, zurück in sein Zuhause, ein anliegendes Behindertenheim.

Mir war plötzlich, als hätte eine Kraft meinen Körper durch heiliges Wasser gezogen. Mein Blick schweifte über die Schulter hinauf zur Madonnenfigur, und nur flüsternd brachten meine Lippen ein: „Danke“ hervor.

Was geschehen war? Mit einem Schlag war mir klar geworden, wie dankbar ich sein konnte, ja, dieses Mal sein *MUSSTE*, für all die Dinge, die ich besaß.

Dieser kranke Mann in seinem mühseligen Leben schenkte mir einen klareren Blickwinkel. Vermutlich brauchte er jemanden, der ihn wusch, zur Toilette begleitete und vielleicht auch fütterte. Heute freute er sich auf ein Treffen, eventuell mit einer Frau, und leider vergeblich. Trotzdem schenkte er mir ein Lächeln, weil ich keins mehr hatte.

Der Radius, in dem er sich mit seinem Stuhl bewegen konnte, war bestimmt nicht sehr groß.

Eine innere Stimme sagte mir: „Du bist gesund, hast ein Fahrzeug, kannst hinfahren, wohin du willst. Hast einen Job, in dem dir sehr viele Menschen begegnen, eigentlich *müsstest* du nie einsam sein. Mit welchem Recht sitzt du hier und jammerst?“

Die Krisensitzung war beendet. Ich nahm mein Bündel und plante den freien Abend sorgfältig, ganz ohne *Soll und Muss.*

Schließlich hatte man(n) mich freigelassen!

Spontan raffte ich einige Habseligkeiten zusammen und begab mich auf eine Reise ans Meer. Am Meer spürt man tröstlich den ewigen Fluss der Zeit.

Natürlich schaute ich wehleidig auf die verliebten Pärchen, die händchenhaltend, barfuß durch den Sand schlenderten. Aber ich sah auch Hunde fröhlich tollen, Möwen übermütig ihre Flugkünste vorführen und andere „Verbannte", die ebenso alleine schienen wie ich und irgendwie mit ihrer Situation klarkommen *mussten.*

Meine verwundete Seele brauchte einfach Zeit zu heilen, genau wie ein gebrochenes Bein. Unsinn, es nicht in der Wiederherstellung zu unterstützen.

Zum Abschied brachte ich meinem fahnenflüchtigen Lebensgefährten eine Badehose mit und wünschte ihm, angeschlagen zwar, aber ohne Groll, eine gute Zeit. So blieb uns ein wunderbares Band der Freundschaft erhalten.

Die Spanier haben für die Freundschaft ein wunderbares Sprichwort:

Sagt eines Tages die Liebe zur Freundschaft: „Warum gibt es dich eigentlich, wenn es doch mich gibt?"

Daraufhin sagt die Freundschaft:

„Ich kann überall dahin ein Lächeln zaubern, wo du Tränen bringst!"

Trennung bringt nicht nur Trauer, sondern schenkt Freiraum zur Selbstliebe.

Um zu gefallen, hat man uns von Kindesbeinen an gepredigt, uns zu bemühen und etwas aus uns machen zu *müssen.* Am Ziel angekommen, *mussten* wir uns manchmal einiges gefallen lassen, bevor ein Mensch uns wieder fallenließ.

Jemand verlässt dich, und mit diesem Akt lässt er dich auch los in die Freiheit. Er lässt dich in Ruhe, lässt dir Zeit für dich selbst und entlässt dich aus dem *Müssen!* Da schlägt eine Tür zu, und so viele springen neu auf. Du bist die Person, die jetzt für sich selbst hindurchgehen *muss,* damit dein Leben wieder befruchtet wird.

Zeitgleich mit meiner Trennung wurde eine Freundin nach mehr als zwanzig Ehejahren von ihrem Mann verlassen. NIE wieder wollte sie glücklich werden, schon gar nicht mit einem anderen Mann.

Es war, als hätte ihr jemand den Stecker herausgezogen. Damals fürchtete ich, sie würde sich das Leben nehmen.

An meinem Geburtstag schenkte sie mir Wandschmuck aus Schiefer, auf dem ein goldener, flötespielender Engel befestigt war. Sie behielt das Gegenstück zum Zeichen unserer Freundschaft. Das Utensil erinnerte mich sofort an die schwarzen Schultafeln von damals, und es lud geradezu ein, mit Kreide darauf herumzukritzeln. So machte ich ihr den Vorschlag, ab sofort für jede männliche Begegnung eine Markierung unter den Engel zu zeichnen. Dabei ging es nicht um sexuelle Trophäen, sondern darum, dass wir ins Leben zurückfanden und sahen, wie viel Spaß es da noch zu erleben gab und gibt. Auch wenn die Bekanntschaft nicht im Hafen der Ehe einlief, waren diese Leute eben die Übung für den Nächsten.

Und nach vielen Jahren in festen Händen ist der Mensch einigermaßen aus der Übung und weiß nicht mehr so wirklich, wie es funktioniert, sich alleine unters Volk zu mischen. Wir *mussten* ganz neu ausgewildert werden, um uns im „Dschungel“ wieder ohne Begleitung zurechtzufinden.

Jeder, der uns zum Lachen brachte, das dazu führte, mit einem guten Gefühl -- auch alleine – ins Bett zu gehen, bekam einen Platz unter dem Engel. Damit änderten wir den gesamten Bewusstseinszustand, programmierten ihn auf Freude und Aktivitäten. Füllten den Raum, den der Liebeskummer bis dahin eingenommen hatte, mit Albernheiten. Wir waren nicht länger bereit, das jämmerliche Thema Ex-Männer zu düngen. Stattdessen setzte das Umdenken neue Pflänzchen, aber vor allen Dingen gossen wir unser eigenes Lebensblümchen wieder etwas regelmäßiger.

Später, als wir dann einen Menschen gefunden hatten, der etwas länger bleiben sollte, war es gar nicht so einfach, die eher harmlosen Engelsmarkierungen zu erklären. Nun waren sie ja auch nicht mehr nötig.

Ist dir auch schon aufgefallen, dass es den Verlassenen nach einer Weile relativ gut geht, während die, die glaubten, mit Pauken und Trompeten, eine neue, viel bessere Beziehung zu beginnen, ganz schöne Bauchlandungen hinlegen?

Neue Besen kehren gut, nicht wahr? Vergiss nicht, du gewinnst die Freiheit und die Verflossenen das nächste

MUSS, die nächsten Verpflichtungen, und sei die Neueroberung auch noch so verführerisch. Auch dort wird nur mit Wasser gekocht, und auch dort *muss* sich die Waschmaschine drehen. Auch wenn es zunächst nicht so scheint. Für dich kein Grund, dich länger schlecht zu fühlen. Unnötig, eifersüchtig auf die neue Liebe der Verflossenen zu schielen. Den Verlauf des Spiels kennst du selbst zur Genüge! Schließlich beginnen alle Beziehungen auf ähnliche Weise, erst später durchschreiten Verbindungen eine nüchterne Wandlung.

Weinend erklärte mir eine Klientin, was ihr untreuer Ehemann ihr alles angetan hätte. Das Verrückte an dieser Ehe war, dass sie die ganze Zeit von seinen Eskapaden wusste, bevor er endlich die Trennung vollzog. Ich fragte, ob sie schon einmal darüber nachgedacht hätte, was noch alles hätte passieren können.

Damit hatte ich sie in ihrem Denken gestört. Sofort erinnerte sie sich an AIDS und all die anderen Krankheiten, die der Mann in seiner Unverantwortlichkeit des ungeschützten Sex auf sie hätte übertragen können. Statt den Verirrten gehenzulassen, hatte sie es geduldig über Jahre zugelassen, dass er sie demütigte und verharrte in dem Glauben, noch mehr zu *müssen,* damit er sie nicht verließ.

Ich meinte: „Er hat dir mit dem endgültigen Verlassen einen echten Gefallen getan, er entlässt dich in ein eigenes, freies Leben. Du kannst es nur noch nicht sehen. Manche Frauen werden erst in fortgeschrittenem Alter geweckt. Du bist noch so jung! Sieh nur, welche Möglichkeiten er dir mit seinem Fortgehen schenkt. Besser jetzt eine bewegende Veränderung, als in zwanzig Jahren ein versteinertes Herz."

Einmal hatte ich einen verzweifelten Mann am Telefon, der nach einer Trennung damit drohte, sich das Leben zu nehmen.

Es ist eine furchtbare Last, die den Angehörigen mit einem Selbstmord in den Lebenslauf gelegt wird. Bohrend der immerwährende Gedanke, ob man den Zustand des Lebensmüden hätte bemerken *müssen* oder verhindern können. Dieser Abschluss verändert die Geschichte von Generationen. Stärkend, wenn sie verarbeitet wird, doch zunächst eine unfassbare Tragödie.

Damals fragte ich ihn, wie seine Kinder mit dem Unglück leben sollten, doch ich spürte, dass meine Worte nicht ins Schwarze trafen. Also bat ich ihn frech, ob er mir vorher noch einen Gefallen tun würde.

In Anbetracht seiner Situation fand er die Bitte anscheinend so unverschämt, dass er pampig ein „JA" in den Hörer schrie. Weiter bat ich ihn, mit dem Mord an sich selbst noch mindestens vier Wochen zu warten. Ich versprach ihm, in diesen vier Wochen stets ein offenes Ohr für ihn zu haben und dass es ihm besser gehen würde. Wenn nicht, könnte er noch lange genug tot sein. Außerdem wäre ich der Meinung, dass alle Aufgaben, die wir in diesem Leben nicht angenommen hätten, sowieso im nächsten Leben noch einmal auf uns zukämen. Ein Selbstmord sei also nur ein Aufschub.

Ein stolzer Mann hält sein Wort.

Gott sei Dank gelang der Trick. Der Unglückliche half

aber auch kräftig mit. Er organisierte schöne Dinge in seinem Leben. Schaffte neue Ziele und fröhliche Ereignisse. Als er mir irgendwann übermütig von Weitem zuwinkte, wusste ich, dass er noch eine ganze Weile bleiben würde.

Manchmal sieht die Welt mit ihren haarsträubenden Situationen in nur einer Minute schon viel heller aus, doch dazu *müssen* wir warten können und dem Schicksal bei unserer eigenen Neugeburt assistieren.

Oft reicht es schon, aus einer unangenehmen Situation herauszutreten, um den Blickwinkel zu ändern. Vor allen Dingen aber sollten wir aufhören, durch jemand anderen zu leben. Wir haben ein eigenes Dasein!

Selbst Zwillinge bevorzugen zuweilen Privatsphäre, warum sollte auch dir diese Abnabelung nicht gelingen?

Du meinst, du hast schon zu viele Enttäuschungen hinter dir?

Na, da hast du doch den Beweis für deine Stärke! Hast dich immer wieder aufgerappelt, bist nicht zerbrochen, sondern warst mächtig genug, die Verantwortung für dein Leben zu übernehmen. Schließlich sitzt du gerade in diesem Augenblick hier und liest. Anscheinend strahlst du nach jeder Niederlage ein wenig heller und stärker.

Du verfügst über ein Abonnement zum Glücklichsein, wenn du immer wieder die guten Geister in dein Leben lässt.

☆☆☆

Fragen an deine guten Geister

- Wann hattest du im Leben schon einmal das Gefühl, genug geleistet zu haben, um geliebt zu werden?
- Welche Dinge hast du dir wirklich zuschulden kommen lassen, die gerechtfertigt hätten, dass ein Mensch dich verlässt?
- Was wäre mit deinem Innenleben geschehen, wenn du dich immer weiter bemüht hättest, zu gefallen? Geht das überhaupt?
- Welche Sofortmaßnahmen hast du unmittelbar nach einer Trennung von einem Menschen eingeleitet?
- Welche Umstände haben sich für dich durch dieses Handeln verbessert?
- Was hättest du stattdessen noch tun können, um dich erleichtert zu fühlen?
- Welche Vorteile oder Freiheiten entstanden für dich durch den Weggang eines Menschen?
- Wie viele Menschen kennst du, die in schwierigen Momenten tatsächlich keine Möglichkeiten mehr zum freien Handeln hatten?
- Was haben die Handgriffe und Bedingungen, die du täglich in einer Beziehung erfüllen *musst,* mit deinen eigenen Träumen und Vorlieben zu tun?
- Welchen Unterschied siehst du zwischen dem Alleinsein und der Einsamkeit?
- Wie lange warst du tatsächlich schon einmal ohne Menschenkontakt, und wann fühlst du dich unter Menschen einsam?

- Wer ließ es bisher zu, dass dir Schmerzen zugefügt wurden, und wer könnte das ab sofort ändern?
- Was bringt eine Weile des Alleinseins an positiven Aspekten in dein Leben?
- Wie lange dauerte es in der Vergangenheit, bis es dir nach einer Krise wieder besserging, und wer kann dafür sorgen, dass diese Genesung noch einmal erfolgreich funktioniert?
- Was könntest du in diesem Augenblick tun, um wieder gute Geister in dein Leben zu lassen?

☆☆☆

Lächelnd öffne ich den guten Geistern die Tür zu meinem Leben. Aus jeder Situation trete ich gestärkter hervor.

☆☆☆☆☆

Sing ein Lied für dich

Es gibt gute Gründe, dass du dein Leben bis heute gemeistert hast! Eine besondere Kraft hat dich überleben, weitermachen lassen, trotz aller Gefahren, seelischer Blessuren und manch selbstschädigendem Verhalten.

Während dieser Entwicklung im Laufe deines Daseins hast du Ressourcen im Inneren gespeichert, auf die du jederzeit zur Überwindung von Schmerz zurückgreifen kannst.

Leider geht dieses Um-sich-selbst-Kümmern, die seelische Selbstbefriedigung, in dem Eingespannt-Werden, dem *Müssen* der täglichen Alltagsspirale, gänzlich verloren. Bis zu dem Tag, an dem entweder der Körper mit Krankheit reagiert, die Seele kapituliert oder wir verlassen werden.

Manche Menschen verfügen über so wenig Eigenschutz, dass sie eine Unausgewogenheit zwischen Geben und Nehmen zulassen und der Umwelt bereitwillig Chancen einräumen, sie bis zum totalen Exodus auszusaugen.

Kein Wunder, dass man sich in psychiatrischen Kliniken vorübergehend zu einer totalen Isolation der Patienten entschließt, um erst einmal alle Fremdeinflüsse oder Störungen auszuklammern, sodass sich zwangsläufig mit dem eigenen Inneren beschäftig werden *muss.*

Wenn wir unsere Aufmerksamkeit weniger auf die körpereigenen Warnsignale richten und nach effektiven Maßnahmen aus der Vergangenheit kramen, *muss* es jedoch gar nicht so weit kommen.

Verlassen werden tut weh, kränkt das Ego und reißt eine Lücke, die einst von einem geliebten Wesen ausgefüllt wurde. Oft frage ich mich, was der Unterschied ist zwischen den Menschen, die ohne großen Schaden daraus hervorgehen, und anderen, die deswegen über Jahre mit dem Leben hadern, sogar bereit sind, ihm vorzeitig ein Ende zu setzten?

Meistens liegen die Unterschiede im eigenen Handeln und Denken! Nur ein Mensch hat die Möglichkeit, aus einer belastenden Situation herauszutreten, und das sind wir selbst! Geht es uns ständig schlecht, dürfen wir alles tun, nur nicht das, was wir die ganze Zeit schon getan haben, weil altes Verhalten die Glückseligkeit keinen Schritt näherbringt.

An erster Stelle steht der feste Entschluss, ab JETZT das eigene Vorgehen zu ändern.

Alles, was wir mechanisch abspulen, lässt sich jederzeit wieder ändern. Reaktionen, die wir an den Tag legen, wurden uns über Jahre hin einprogrammiert, wie Kunststückchen einem Hund beigebracht, der sie zwanghaft bei jeder Gelegenheit vorführt, sobald ihn eine Belohnung erwartet. Was war bisher deine Belohnung, nachdem du dich von Partnern für ihre Zwecke hast einspannen lassen, dir damit immer wieder selbst Qual zufügtest und dein Inneres ins Ungleichgewicht brachtest? Das darfst du jetzt sein lassen! *Musst* es nicht mehr zulassen!

Leider räumen wir schmerzhaften Angelegenheiten, die wir ja eigentlich schnellstmöglich loswerden wollen, eine zu große Bedeutung im Leben ein. So werden wir die überflüssigen Kunststücke nicht los! Wiederkäuend geht es in die Rekapitulation. Der Richtungswechsel, oder zumindest der Wechsel der Blickrichtung, würde schon genügen, um deutlicher Fehler zu erkennen.

Wer sich je daran versuchte, eine Fremdsprache oder ein Instrument zu erlernen, weiß, wie das erarbeitete Können nur mit Emsigkeit und Fleiß erhalten bleibt, und wie rasch man es verlernt, wenn man sich nicht mehr darum schert.

Genau das *müssen* wir mit Dauertraurigkeit tun, *müssen* sie verlernen, uns nicht mehr darum kümmern, nicht mehr pflegen, was dem eigenen Selbst schadet. Eigentlich eine logische Konsequenz, etwas anderes zu versuchen, wenn das Alte nicht funktioniert und nicht einmal guttut.

Denken wir nur einige Sekunden intensiv an ein Stückchen Zitrone im Mund, reagiert der Körper schon und produziert vermehrt Speichel. Was glaubst du wohl, welche Reaktionen du in deinem Organismus auslöst, wenn du den ganzen Tag im seelischen Jammertal verbringst und nicht bereit bist, auch nur einen Funken Fröhlichkeit in dein Leben zu lassen?

Schluss damit! Mach endlich etwas anderes! Trainieren wir das Bewusstsein und auch das Unterbewusstsein, auf neue Schlüsselreize zu reagieren, bis auch diese sich automatisieren und die unerfreulichen Abspeicherungen löschen.

Wenn du den Klingelton deines Handys nach langer Zeit wechselst, wird es eine Weile dauern, bis du genauso mechanisch auf ihn reagierst wie auf den vorigen. Befindest du dich in Gesellschaft, wirst du zunächst erstaunt bemerken: „Ach, das ist ja mein Handy!“

O.K., du wurdest verlassen, konntest es einem anderen Menschen nicht recht machen. Aber ab sofort kannst du es dir, ohne Rücksichtnahme auf Fremdforderungen, selbst recht machen, bis du wieder freudig ausrufen wirst: „Ach, da gibt es auch noch andere Menschen, mit denen ich Spaß haben kann!“

Diese Lücke, oder nennen wir es Defizit, die durch das Verlassen-Werden entsteht, wird leider immer öfter durch Ersatzsüchte ersetzt, die schwierig zu handhaben sind

Die Palette der Süchte lässt sich kaum mehr aufzählen. Alkohol wird stets eines der brennenden Themen der Gesellschaft bleiben. Wer trank sich nach einer Enttäuschung nicht schon mal das Leben schön.

Herbert Grönemeyer singt in einem seiner Lieder: „Alkohol ist der Sanitäter in der Not, Alkohol ist mein Fallschirm und mein Rettungsboot.“

Ich bin mir sicher, dass, wenn eine höhere Gewalt den Menschen in dieser Sekunde alle suchtmachenden Stoffe, und dazu zähle ich auch die Befriedigung von Kauf- oder Spielsucht usw., wegnähme, die Selbstmordrate würde sofort rapide ansteigen.

Sucht ist eine Suche und eine Ersatzbefriedigung für Dinge, die dem Menschen fehlen, wo der vorübergehend euphorisch machende Stoff die schmerzliche Leere füllt und als Puffer dient, bevor der Trübsinnige grauenvollere Dummheiten begeht. Leider gibt es nur wenige Menschen, die überhaupt kein Suchtpotenzial erkennen lassen.

Alkohol kann ein vorübergehendes Pflaster für die seelischen Wunden sein, doch leider gibt es im Fall von Dauergenuss irgendwann arge Probleme mit dem übermäßigen Verlangen und der Dosierung. Nach einer kurzen Weile sollten wir uns besser um positive Ersatzbefriedigungen und wirkungsvolle Reize aus der Vergangenheit bemühen. Suchtstoff, aber auch heilsame Verhaltensweisen sind wirksam, weil der Körper sich daran erinnert, wie sie schon einmal gewirkt haben. Wir können mit etwas Besonnenheit entscheiden, worauf wir vermehrt zurückgreifen möchten.

Du kennst aus deiner Vergangenheit eine Anzahl positiver Verknüpfungen: Ein bestimmtes Lied wird im Radio gespielt, und plötzlich fühlst du dich fröhlich. Mit der Melodie verknüpfst du eine schöne Erinnerung. Vielleicht an einen besonderen Menschen, die erste, unbedarfte Liebe, ein persönlicher Erfolg, eine gute Nachricht oder ein besonderer Platz in der Natur.

Tiere nehmen uns Menschen, ihre oftmals gefährlichsten Verwandten, so unbedarft in ihre Seelen auf. Nicht ausschließlich mit Haustieren ist es möglich, Kommunikation zu betreiben. Betreten wir das Revier von Wildtieren, beobachten sie uns. Achte einmal darauf, wie wenig allein du in der freien Natur bist.

Spüre gedanklich und wahrhaftig Orte auf, an denen du dich früher schon pudelwohl fühltest. Ein See, eine Waldlichtung oder zu Hause in der heimischen Badewanne ... Das sind deine Kraftorte, Tankstellen, an denen neue Energien aufgenommen werden können.

Oder du vernimmst den Geruch deines Lieblingsgerichts, und schon laufen in deinem Körper glücklichmachende Mechanismen ab.

Du liest ein bestimmtes Buch in deinem Wohlfühlsessel, und schon vergisst du die Welt. Schenke dir selbst Blumen!

Das Paradies ist nur einen Flügelschlag entfernt, wir *müssen* nur hineintreten. Abermals kann dieser entscheidende Schritt nur von jedem selbst getan werden.

Manchmal beobachte ich Kinder, die gedankenversunken, andächtig, alleine, vor sich hinsingen. Der Kindheit wohnte ein so wunderbarer Zauber inne, der es verdient hat, hier und da einmal aufzuleben, mitsamt seiner bejahenden, erfrischenden Energie. Es ist dem Kind egal, ob das Lied gefällt oder es überhaupt jemand hört, die Seele singt für sich selbst. Dass Singen heilsam sein soll, ist nichts Neues, aber ein Lied für sich selbst zu singen, eine Melodie aus dem tiefsten Inneren der eigenen Seele emporsteigen zu *lassen*, haben Erwachsene vor langer Zeit verlernt.

Kurt Lewin, ein amerikanischer Soziologe, begann 1947, Veränderungen und Krisen in verschiedene Phasen einzuteilen.

Werden wir von einem traurigen Ereignis überrascht, findet in unserem Innersten ein Prozess zur Bewältigung des Geschehenen statt.

Zunächst sind wir geschockt oder ohnmächtig, können das, was passiert ist, in tiefer Hilflosigkeit gar nicht fassen. Wir wissen nicht, wohin mit den eigenen Emotionen. Mit dem rationalen Verstand ist in dieser Phase kein Blumentopf zu gewinnen, die Reaktionen scheinen eher irrational. Die Gefühlswelt ist zu übermächtig, bis wir nur ganz allmählich das Problem erfassen können, statt es abzulehnen, es emotional akzeptieren und wieder bereit sind, neue Wege zu erproben, um zu uns selbst zu finden. In dieser Zeit reagiert die Seele wie eine offene Wunde auf alle äußeren Einflüsse. Gute wie schlechte.

Das ist die emotional beste Zeit, dein eigenes Lied zu finden. Die Melodie wird dir in schweren Momenten Schutz und heilsame Energien schenken. Mach dir keine Sorgen, ob du „falsche" Töne anstimmst, es *muss* niemandem außer dir gefallen. Genau wie du dir ab sofort Momente einräumen wirst, die nur für dich existieren.

☆☆☆

Begib dich an einen ungestörten Ort, setze oder lege dich bequem hin. Entscheide selbst, ob du dich sicherer fühlst, wenn du die Augen ganz schließt oder ein Objekt deiner Wahl fixierst und sie nur halb geöffnet lässt, um noch ein wenig Licht hereinzulassen.

Beobachte eine Weile deinen Atem, ohne ihn zu beeinflussen, und vielleicht fällt dir auf, wie er von selbst tiefer und freier wird.

Nun beginne leise, einige Töne zu summen, ganz gleich, wie es sich anhört, versuche nicht, es besser zu machen! Alles ist gut so, wie es ist. Diesmal musst du es nur zulassen.

Wenn dir Worte in den Sinn kommen, singe sie mit deinen eigenen Tönen. Kannst du dir die Melodie und den Text einprägen, beginne nach einer kurzen Weile, sie zu wiederholen.

Es besteht auch die Möglichkeit, sie aufzuzeichnen, so vergisst du dein Lied nicht mehr und kannst in schwierigen Situationen jederzeit darauf zurückgreifen. So entsteht dein eigenes Energielied.

Natürlich darfst du auch kreativ sein und bei jeder Gelegenheit ein neues Lied für dich singen.

Egal, wie es sich für dich auch anhören mag, wahrscheinlich bringt es dich zumindest zum Lächeln, und sei es nur durch die „falschen" Töne, die du meinst, von dir zu geben.

Ist der Gesang beendet, komm langsam wieder zurück in die alltägliche Welt, schau dich um, indem du die Gegenstände oder die Dinge draußen langsam und ohne Hast mit deinen Augen abtastest. Egal, was du gerade durchmachst, die Welt ist immer noch da, und sie ist schön. In kurzer Zeit wirst auch du wieder ein fröhlicher Teil dieser Energie sein, gelernt haben, dich selbst zu feiern, und kaum mehr glauben können, dass du einmal so traurig warst.

☆☆☆

Es geht immer irgendwie weiter, selbst wenn die Welt unterginge, ginge irgendetwas Phantastisches noch weiter. Wir wissen nur noch nicht, was es sein würde.

Unabhängig davon, ob ein Mensch sich von dir abgewandt hat, bist du dir selbst schuldig, den Tanz deines Lebens weiterzutanzen. Tu doch etwas anderes, wenn eine/r nicht mit dir tanzen will. Er/sie lässt dich frei. Spiele etwas anderes, ein anderes Märchen!

Da draußen leben Tausende, die deine Bekanntschaft machen möchten, denen du in deinen dunkelsten Zeiten noch etwas Unterstützung leisten kannst.

Dafür bekommst du eine Menge zurück.

Mache dir eine Liste von mindestens zehn Dingen, die du genau in diesem Moment tun kannst, anstatt in einer aktuellen, deprimierenden Position oder Situation zu verharren.

Sich nicht mehr zu sorgen, damit aufzuhören, Trübsal zu blasen und stattdessen Verknüpfungen zu schaffen durch Aktionen, die guttun, *muss* zu einem festen Entschluss werden. Genau das Gegenteil der bisherigen Verhaltensweisen führt auch zu einem Richtungswechsel in deiner Gefühlswelt.

Ich erwähnte in einem der vorherigen Kapitel die Frau, deren Liebe zu den Rosen gleichzeitig mit dem Tod der Gefühle ihres Mannes starb. Das geschah, weil sie die Rosen mit ihrem Mann eng verknüpft hatte. Er war es, der sie stets für die schönen Rosen lobte.

Wenn sie versuchen würde, wieder etwas Bejahendes in die Pflege der Pflanzen zu transportieren und ihren Mann aus der Verstrickung zu entlassen, würden die Blumen für sie wieder heilsam. Dazu *müsste* sie ernsthaft nachspüren, wie sie sich in den Momenten alleine während der Rosenpflege dem vernommenen Duft oder dem Anblick der schönen Dornenträgerinnen fühlte. Was geschah mit ihr in diesen Augenblicken, in denen ihr Mann nicht anwesend war? Genau wie in den Augenblicken nach der Trennung!

Hast du auch schon einmal Menschen erlebt, die Probleme abschütteln wie ein Hund die Wassertropfen nach einem Bad?

Sie machen einfach weiter, tun etwas Neues. Gehen raus, sprechen mit anderen Menschen, probieren neue Hobbys aus oder fahren an einen schönen Urlaubsort. Sie fokussieren etwas anderes als das, was ihnen schadet oder wehtut. Beschließen eine Veränderung. Schließen mit altem Plunder ab!

Wenn wir einen Menschen nicht loslassen können, obwohl er uns nicht mehr will, vielleicht sogar regelrecht rüpelhaft behandelt, geben wir nährend immer weiter Energie in die kranke Konstellation, züchten negative Kulturen im Inneren. Das *muss* doch nicht sein! Viel gesünder wäre es, emotionalen Abstand zu schaffen. Stattdessen visualisieren wir den Auslöser auch noch ständig schillernd und mit den besten Eigenschaften. Kein Partner ist vollkommen! Spätestens bei seinem Weggang sollte uns das bewusst werden.

Wieso rückst du zur Erleichterung deines Gemüts und der durchaus angebrachten Wut nicht seine dämlichen Seiten ins Licht, anstatt für das Verhalten auch noch eine Laudatio zu singen, ihn zu idealisieren, als wärst du frisch verliebt, und das ihn um mehrere Zentimeter größer werden lässt? Welchen Grund hast du noch dazu?

Sicher gab es in eurer Beziehung Eigenarten, über die du schon lange nicht mehr schmunzeln konntest. Wir dürfen auch mal zornig sein.

„Fluchen ist der Stuhlgang der Seele", lernte mein Mitarbeiter von einem alten Lateinlehrer, der allzu gerne seine Schüler mit lautem Schimpfen zur inneren Einkehr brachte. Allerdings erzählten die Schüler sich, er habe stets für alle Belange der ihm anvertrauten Seelen ein offenes Ohr und Herz gehabt. Taten zählen mehr als Worte.

Menschen, die sich entschlossen haben, dass der alte Partner/die alte Partnerin ab sofort nicht mehr passt und jemand anderes besser ist, geben in die alte Konstellation so gut wie keine Energie mehr oder visualisieren permanent die Fehler der Ausgemu(s)sterten. Sie haben ihren Geist für einen weiteren Einlass dieser Person geschlossen.

Die neue Liebe aber erhält blind das Prädikat tadellos.

Ob dies nun auf lange Sicht eine lohnende Strategie ist, sei dahingestellt, doch zunächst geht es ihnen damit blendend.

So gerne vergessen wir im Kampf nach *Mehr, Besser, Größer, Schöner usw.,* dass diese Worte selbsterklärend sind, also stetig im unzufriedenen Wandel ausgetauscht werden *müssen,* damit der unruhige Geist ein wenig Ruhe findet.

Der Entschluss, dir selbst wieder mehr Geltung einzuräumen, ist der erste Flügelschlag zur Heimkehr, zurück aus der verzehrenden Trauer um einen Menschen, den du jetzt loslassen *musst,* und macht Schluss mit unnötiger Selbstgeißelung.

Wieder zu lernen, sich seelisch selbst zu befriedigen, wertzuschätzen, erfordert ein bisschen Übung, aber hast du deine ureigenen Programme erst installiert, wird sich deine Datenbank in Zukunft automatisch zugunsten deiner Unabhängigkeit aktualisieren. Deine neue, ganz eigene Historie entsteht. So ganz ohne *Muss* und *Wenn* und *Aber!*

☆☆☆

Fragen an deinen Selbsthilfemechanismus

- Was lässt dein Herz singen, was sind das für Dinge (Kraftorte, Lieder, Ereignisse usw.), die dich immer schon heilten, und wann hast du sie zum letzten Mal in dein Leben gelassen?
- Wem hast du bisher erlaubt, dich „auszusaugen“, und sieht der „Täter“ dieses Vorgehen genauso?
- Welche abstoßenden Bilder hast du von jemandem im Kopf, wenn du ihn mit Vorsatz verlässt?
- Was hindert dich daran, ebensolche Bilder vor deinen Augen von jemandem ablaufen zu lassen, der dich verlässt? (Zur Hilfe notiere sie zunächst schriftlich.)
- Womit hast du in der ersten Zeit deine Leere gefüllt, die das Verlassenwerden vorübergehend reißt?
- Wie regulierst du dein aktuelles Suchtpotenzial, oder brauchst du vielleicht bereits professionelle Hilfe?
- Wann und wie feierst du dich regelmäßig selbst (Geburtstag ist jeder neue Tag)?

- Was machte dich in der Vergangenheit, auch nach einem Abschied, zuversichtlich?
- Welche Ratschläge gibst du Freunden, die sich in Krisensituationen traurig und verlassen fühlen?
- Wen kennst du, der/die sogar nach Trennungen schnell und fröhlich sein/ihr Leben weiterlebt?
- Was machen diese Personen anders in ihrem Tagesablauf als die ewig Trauernden?
- Was gäbe es heute über deine Person zu sagen? Wer willst du sein? Wie wird die Geschichte ab jetzt lauten, die du selbst oder Außenstehende nun über dich erzählen könnten?
- Was willst du der Welt von dir hinterlassen?
- Wie könnte deine persönliche kräftigende Affirmation, der Leitsatz für ein selbstbestimmtes, zukünftiges Leben, lauten?

Notiere die Worte hier und auf einem Zettel zum Einlegen ins Portemonnaie und wiederhole sie immer dann, wenn du glaubst, aus dem Gleichgewicht geraten zu sein.

So lebendig fließend wie das Leben dürfen sich auch Leitsätze wandeln. Gemeinsam haben sie jedoch stets die Selbstliebe und die Achtung vor allen Mitgeschöpfen.

Die inneren Wahrheiten lassen dich zum eigenen Meister deines Daseins werden!

☆☆☆☆☆

Leicht sein

☆☆☆

Nun ist es mir viel leichter, gehasst zu werden
für das, was ich bin,
als für etwas geliebt zu werden,
das ich gar nicht sein will.

☆☆☆

Tatiana Schlösser

Was heißt denn hier arbeitslos?

Zehn Gebote für ein erfülltes Leben, auch ohne Job!

224 Seiten, A 5, broschiert

ISBN 978-3-941363-20-5

Beinahe 4 Millionen Arbeitslose in unserem Land! Die Existenzangst und der Glaube an Mangel graben sich, forciert durch die Medien und das profitorientierte Handeln von Konzernen, in die Köpfe sämtlicher Gesellschaftsschichten ein. Das Gefühl, aus der Arbeitswelt oder gar der Gemeinschaft ausgestoßen zu sein, versetzt die Menschen in Ohnmacht und oft genug in Wut.
Doch gerade diese unsichere Zeit bietet die Chance, uns selbst wieder mehr zu (be)achten und eigene Kraftquellen anzuzapfen.
Die Autorin nimmt alle, die bereit sind, den Verlust des Arbeitsplatzes oder die Angst davor gegen mehr Selbstvertrauen und Gelassenheit einzutauschen, mit Botschaften aus der Geistigen Welt auf die Reise zu ihrem inneren Führer, der sie dabei unterstützen wird, trotz – oder gerade wegen – der Situation ein erfülltes Leben zu führen.

Marion Jaud

Vom Kopf zum Herzen

Wegbegleitung in das neue Bewusstsein

208 Seiten, A5, broschiert

ISBN 978-3-941363-66-3

Euro (D) 17,80 / Euro (A) 18,30

Die wichtigste Reiseroute in unserem Leben sind die wenigen Zentimeter vom Kopf zum Herzen. Nur sie führen uns an unser Ziel, den Sinn unseres Lebens. Dort erwarten uns unbeschreibliche Lebensfreude, wirkliches Glück und innerer Reichtum.
Es wird die spannendste und aufregendste Reise in unserem Leben: die zu unserem „SELBST“!
Praxisnah und für jeden Suchenden verständlich gibt uns die Geistige Welt eine Reisebeschreibung an die Hand und hilft uns dabei, die Hindernisse auf unserer Reise der Erkenntnis aus dem Weg zu räumen und die Wunden unserer Seele mit Liebe zu heilen.
Unsere Seele freut sich darauf, mit uns in diesem Neubau zu feiern. Also, machen wir uns auf den Weg... Mit vielen praktischen Übungen.

Martin Dörnhöfer

Die Formel der Liebe

Das Geheimnis der Seelenpartner und der Weg zur wahren Liebe

392 Seiten, A5, gebunden, mit Leseband
ISBN 978-3-941363-35-9

Warum treffen die meisten Singles immer wieder auf die gleiche Sorte Partner? Was ist der Grund hinter den alltäglichen Machtkämpfen in der Partnerschaft? Gibt es einen Seelenpartner? Was ist Liebe? Lässt sich Liebe mit nur zwei Worten beschreiben?
Der Autor erläutert, wie wir durch zwei einfache Faktoren in der Lage sind, unser Leben glücklich und in Liebe zu leben. Das Loslassen unserer Ängste und das Vertrauen in unsere Herzenswünsche sind der Schlüssel für dieses bewusste und liebevolle Leben. Alles, was wir zu Beginn dafür tun müssen ist, eine Entscheidung zu treffen, wie sich unser Leben in Zukunft entwickeln soll. Angst oder Liebe? Denn alles beginnt mit einer Entscheidung!

Pamela Bessel

Du bist göttlich, benimm dich auch so!

352 Seiten, A5, gebunden, mit Leseband
ISBN 978-3-941363-08-3

Die Autorin vereint Wissenschaft und Spiritualität in einer leicht zu verstehenden Art und Weise, sodass man dieses Buch auch als Betriebsanleitung für das Leben im Hier und Jetzt bezeichnen könnte.
Das Symbol auf dem Cover, das sich auch im Inneren des Buches wiederfindet, ist ein Heilzeichen (Keta), das ausgeschnitten und getragen werden kann. Es wurde uns von der Geistigen Welt geschenkt und dient dazu, unsere eigene Göttlichkeit zu erkennen und zu leben.
Lassen Sie sich über ihr Leben auf der Erde aufklären, damit Ihr göttliches Bewusstsein langsam erwachen kann und Sie wieder Liebe, Vollkommenheit und das „Einssein mit Allem-was-ist“ in sich spüren.

René Wagner
Sieg der Liebe
88 Botschaften für deinen Lichtweg
224 Seiten, A5, broschiert
ISBN 978-3-941363-64-9

Aus der Essenz von über 600 Channelings wurden insgesamt 88 Kernbotschaften für unseren Lichtweg auserwählt.
Mit ihnen werden uns Mittel und Wege gegeben, wodurch wir in der Lage sein werden, alles, auch in unserem Alltag, umsetzen zu können. Dies bedeutet, mit unserem Herzen zu denken und mit unserem Verstand zu fühlen. Das ist unsere größte Herausforderung.
Eine neue Schöpfung bricht auf Erden an.
Fürchte dich nicht – schöpfe mit! Du bist herzlich eingeladen – erkenne den Sieg der Liebe in dir.

Birgit Maria Niedner
Von Frau zu Frau
Metatron, Maria, Sananda, Hilarion ...
152 Seiten, Taschenbuch
ISBN 978-3-941363-53-3

Eine Frau zu sein – hier auf dieser Welt – ist manchmal nicht ganz leicht. Da du aber selbst gewählt hast, Frau zu sein, ist es das, was dich auf optimale Weise auf deinem Weg begleitet.
Unter der Schirmherrschaft von Metatron begleitet und unterstützt dich die Geistige Welt, damit du verstehst, dass es möglich ist, genau JETZT das zu leben, was göttliche Weisheit ausmacht. Du als Frau hier auf Erden.
Fantastisches Hintergrundwissen für Frauen, die ihren spirituellen Weg gehen möchten und doch eingebunden sind in das Leben, in Familie und Struktur.

Daivika

Verschmelzung im Klang der Stille

Metatron, Sananda, Lady Nada ...

104 Seiten, A5, broschiert

ISBN 978-3-941363-55-7

METATRON segnet uns mit vereinter göttlicher Kraft mit der all-einen Liebe.
NATHANAEL ermöglicht uns durch den Sonnenzauber den Fluss reiner Liebe und das Loslassen körperlicher Blockaden. LADY NADA, ROWENA, KUTHUMI und ERZENGEL MICHAEL öffnen mit dem Schlüssel unserer eigenen Schwingung den Eintritt in höhere Dimensionen, während MARIA MAGDALENA uns im reinen Glanz unserer Seele erstrahlen lässt.
Auf dem weiteren Weg begegnen wir SANANDA, dessen Liebe uns wie ein Kuss der Sonne streift.
Abschließend treffen wir auf BEETHOVEN, der gemeinsam mit den Kindern der Erde die Komposition eines neuen Zeitalters schreibt und die Stimme unseres Herzens mit dem universellen Klang, dem ewigen Lied der Schöpfung, verschmelzen lässt.

Andrea Kraus

Lichtkörpersymptome, Band 1

Du bist nicht krank, du steigst auf!

256 Seiten, gebunden, mit Leseband

ISBN 978-3-941363-65-6

Im Zuge der Zeitenwende verändert sich unsere Welt und wir selbst uns dramatisch. Dem Bewusstseinswandel folgt schließlich die Transformation des physischen Körpers und endlich auch die des gesamten Umfelds. Natürlich verläuft dieser Prozess nicht ohne „Lichtkörpersymptome". In diesem Buch werden neue, wunderbare spirituelle Techniken und alternative Möglichkeiten dargestellt, um die Symptome effizient zu transformieren.
Die Autorin sprengt mit ihrem Buch viele Grenzen, doch wer diesen „Schatz" hebt und sich vorbehaltlos den Dingen öffnet, die sich aus der geistigen Sphäre offenbaren, hat Courage, festen Glauben an den Wandel und einen unglaublich streitbaren Geist.

Andrea Kraus
Toröffnung in die Fünfte Dimension
CD, Lauflänge ca. 70 Minuten
ISBN 978-3-941363-70-0
Euro (D) 14,80 / Euro (A) 14,80

Meditationen und geistige Übungen aus dem Buch „Toröffnungen in die 5. Dimension", das nun bereits in der 3. Auflage erschienen ist.
In einem speziellen Energieraum und in Begleitung der geistigen Meister und Erzengel führt die Autorin durch die Meditationen und gibt darüber hinaus Anleitungen für kurze und knackige geistige Übungen.
Alle diese Verschmelzungen können natürlich mehrfach durchgeführt werden.
Viel Freude beim Mitmachen!

Nicht beim Autofahren anhören!

Sabine Skala
Heilmelodien der Delfine
Durchgegeben an und gesungen von Sabine Skala
CD, Lauflänge ca. 70 Minuten
ISBN 978-3-941363-71-7

Aus verschiedenen Meeren, Ozeanen und Dimensionen sind die Delfine an Sabine Skala herangetreten, um uns Menschen die wundervolle Energie der Neuen Zeit, die göttliche Liebe, näherzubringen und spüren zu lassen. Die Delfine schwingen auf der Dimension der Liebe und haben den Auftrag, ihre Heilenergien als Melodien und göttliche Laute, der Seelensprache der Delfine, auf Erden zu bringen, um den Menschen bei ihrem Aufstieg in die Fünfte Dimension und höher zu helfen.
Die heilenden Töne und die Sprache der Seele lösen Blockaden auf allen Ebenen und geben uns eine besondere Hilfe und eine schützende Begleitung mit auf den Weg in eine friedvolle Welt.